爆笑四コマわっぱが物語

はじめての秋田弁

無明舎出版

はじめに

自殺率、がん死亡率ともに全国一位、人口減少率、少子高齢化にも拍車がかかっている……と真っ暗なイメージが秋田県にはあります。

しかし、よく他県の人に「秋田と聞かれてイメージするもの」と質問すると、たいてい「なまはげ」「きりたんぽ」「秋田美人」と即座に反応があります。これはけっこうすごいことだと思います。何も浮かばない県もあると思うんですが、秋田は知名度で言えば、良くも悪くもかなり上位に位置づけられているのではないでしょうか。

そんな秋田県をもっと気軽に知ってもらおうとはじめたのが、この4コママンガです。

「秋田県人には共感を、他県に住む秋田県出身者には郷愁を、そしてまったく秋田について知らない方には衝撃を」と、まあそんなにたいそうなことは描いてないのですが、これでイロイロ秋田について考えるきっかけになれば幸いです。

第1話

【はじめての秋田弁】

この4コママンガは、横浜からの転校生**「神宮寺《じんぐうじ》みなせ」**が秋田市のとある学校に初登校するところから始まります。そこで彼女は理解不能な秋田弁に遭遇、混乱します。

え？　あなたも混乱してます？

スミマセン、秋田県人や秋田県出身者だったらまだしも、秋田県になんの縁《ゆかり》もない方々にとってはそうですよね。

そういうわけでこの4コママンガには秋田弁に訳がつきます。**ご安心ください。**

2コマ目

秋田弁「昨日、行《い》ぐって言ってだ店　**なんとだったー？**」

訳「昨日、行くって言ってた店　**どうだったー？**」

秋田弁「あーっ　**あっこがー？**」

訳「あーっ　**あそこ？**」

秋田弁「何《なに》やー　結局行がねがったながー　**なしてやー？**」

訳「何だー　結局行かなかったの　**どうしてよー？**」

秋田弁「んー　練習終わった後だば**こえくてやー**　今日部活休みだがら**おめも一緒にあべ？**」

訳「んー　練習終わった後だと**疲れててねー**　今日部活休みだから**あなたも一緒に行こうよ？**」

お判りいただけたでしょうか？

それでは、みなせとともに秋田の世界へどうぞ！

第2話

【転校生紹介】

今日からこのクラスで
一緒に勉強すること
になった
神宮寺みなせさんです
カチ
コチ
皆さん
仲良くして
くださいね
よかったぁー
担任の先生は
標準語で
ほっ
へば
席は……
本荘《ほんじょう》さんの隣が
あいてるから
そこに
しましょうね
え？ なっ何？
今「へば」って
言った……？
ビクッ
へば さっそく授業を
始めましょう
さ、神宮寺さん
座ってくださいね
にこっ
だからーッ
「へば」って何？
何て言う意味
なんですかーッ？

いがったぁーっ

秋田弁の強烈な洗礼を浴びた、横浜からの転校生**「神宮寺《じんぐうじ》みなせ」**ですが、今回は担任教師の**「琴丘タツ子先生」**が発した謎の言葉、**「へば」**に頭を悩ませております。

【秋田弁用語の基礎知識「へば」】

「へば」は単純に訳すと「それでは」とか「それじゃあ」とか「では」などの意味です。「まんず」（まず）とともに使用されることが多々あります。

【例文】

秋田弁**「へばまんず、会議さ入るすな」**
標準語「それでは会議に入りたいと思います」

「へば」の代わりとして「せば」「てば」でもオッケーです。「まんず」の方は「まんつ」でもオッケーですね。

ちなみに全然関係ないですが「へば」をワープロソフトで変換すると高確率で「屁場」と出ます。どんな場所なんでしょうか。

あと、別れの挨拶とか電話を切る時にも、へばがよく使われております。

【例文】

秋田弁「おいそろそろけえっから、**へば、まんつな**」
標準語「俺そろそろ帰るから、**それじゃあ、またな**」

秋田に来た時はぜひとも**「へば、まんつな」**を別れ際に使用してください。この言葉を使いこなせれば、もう秋田美人はゲットしたも同然です（あ、本気にしないで下さい）。

第3話
【先入観とのギャップ】

あねこ

なぁ横浜がら引っ越してきたんだって？
あ、はいそうです
ずいっ
私は本荘ユリ ユリって呼んでけれー
秋田の印象ってなんたカンジだ？
あ、思ってたよりも田舎じゃないなあ、と駅とかもキレイだったし車もいっぱいだし
あーハイハイ都会のヒトはみんなそう言うんだやなー
な？
こっちゃ来る前は木炭バス走ってだりどが電話は交換手が繋いでだりどが思ってねがった？
そ、そこまでは……

これは私の偏見なのかもしれませんが、都会のヒトの「秋田」のイメージっていうのは、やはりすごい**「田舎」**なんでしょうね。

「日本昔ばなし」的なイメージを抱いてるヒトも少なくないのではないかと思われます。

以前、県外の会社に勤めて間もないころ、上司から冗談だったのかもしれませんが、

「秋田って、まだ一般家庭では**囲炉裏**《いろり》で料理してるの？」

と言われたりしたことがありました。けっこうカチンときて、

「そんなことはないですよ！　……もしそうだとしても、**何かおかしいんですか？**」

と返答したことがありました。今思うとなんという新入社員だったのでしょうか（笑）。

でも、それだけ郷土をすっごい田舎に見られたことが、悔しかったんでしょうね。若かったなぁ（しみじみ）。

さて今回の4コママンガのように、はじめて秋田市に来た友人に秋田の印象を聞くと、たいてい返ってくる言葉が、

「……もっと田舎だと思ってた……」

県庁所在地である秋田市ですら「日本昔ばなし」的なイメージで見られているんですよね。

まあそのギャップを、見ているこちらとしては楽しいのですが（笑）。

第4話

【まがへれ】

いっきなる

「まがへれ」は「まかせて」のことです。

さて、前回から登場しましたみなせのクラスメイト**「本荘《ほんじょう》ユリ」**ですが、彼女の性格を簡単に表現すると、**「かちゃましねくて、えふりこぎ」**です。

え？　ああっースミマセンッ、また秋田県関係者以外おいてけぼりでしたね（汗）。

「かちゃましい」というのは「騒々しい、騒がしい、うるさい」という意味です。

そして「えふりこぎ」というのは「良《よ》い振りをこく」、つまり良いトコばっかり見せたがる「見栄っ張り」ってことですね。

この「えふりこぎ」という言葉、秋田の県民性がよく表れている言葉だと言われます。

良く言えば、**他人に自分の弱さを見せないプライドの高い人格**とも言えますが、悪く言えば、**人の目ばかり気にして、自分をいかに他人より優位に保てるかしか考えていない**とも言えるわけでして……。

確かに秋田のヒトってそういうトコあるかなーと、身の回りを見廻すと何人か当てはまる人が……。

ええと、話を「本荘ユリ」に戻しましょう。

つまり標準語に翻訳すると彼女の性格は、**「騒々しくてうるさく、良い格好ばっかりしたがる見栄っ張り」**ということです。うわあ、ミもフタもないですね（汗）。

第5話
【訛《なま》りの向こうの傍観者】

んだがらなー

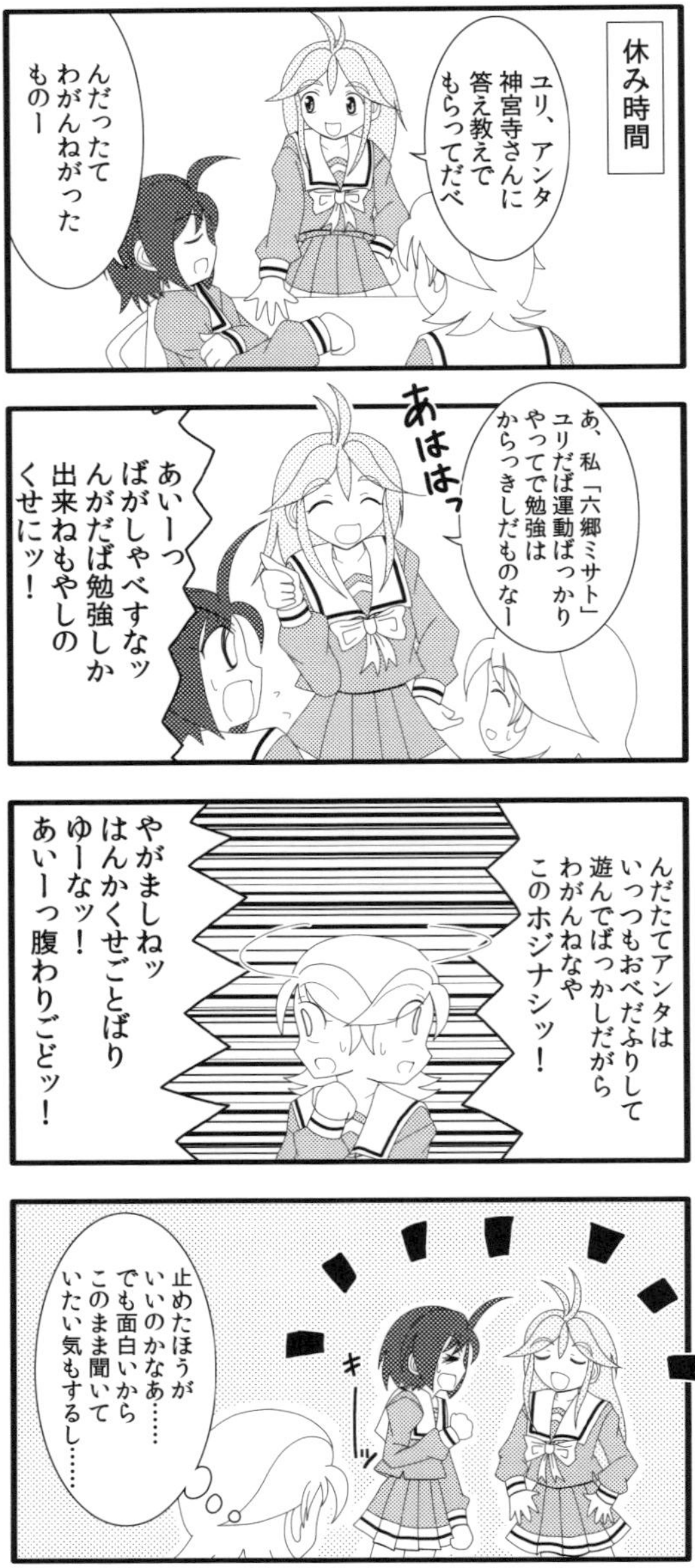
休み時間
ユリ、アンタ神宮寺さんに答え教えでもらってだべ
んだったてわがんねがったものー
あ、私「六郷ミサト」ユリだば運動ばっかりやってで勉強はからっきしだものなー
あははっ
あいーっばがしゃべすなッんがだば勉強しか出来ねもやしのくせにッ!
んだたてアンタはいっつもおべだふりして遊んでばっかしだがらわがんねなやこのホジナシッ!
やがましねッはんかくせごとばりゆーなッ!あいーっ腹わりごどッ!
キーーッ
止めたほうがいいのかなあ……でも面白いからこのまま聞いていたい気もするし……

〈1コマ目〉
秋田弁「んだったて　わがんねがったものー」
訳「そんなこと言ったって　わかんな
かったもんー」
〈2コマ目〉
秋田弁「あいーっ、ばがしゃべすなッ
んがだば勉強しか出来ねもやしのく
せにッ！」
訳「あーッ、ばかなこと喋《しゃべ》らない
でよッ　アンタなんか勉強しかで
きないもやしのくせにッ！」
〈3コマ目〉
秋田弁「んだたてアンタはいっつもおべだふ
りして、遊んでばっかしだがらわが
んねなや、このホジナシッ！」
訳「そんなこと言ったってあなたはいっ
も知ったかぶりで、遊んでばっかり
だからわかんないのよ、このおば
か！」
秋田弁「やがましねッ　はんかくせごとばり
ゆーなッ　あいーっ、腹わりご
どッ！」
訳「やかましいッ　ばかみたいなこと
ばっかり言わないでよッ。あーっ、
腹立つッ！」

「ホジナシ」とかはふだんけっこう使ってるわりには言葉の意味がいまひとつ分かりませんよね。「方図《ほうず》がない」ということから「とんでもない」「途方もない」「非常識」という意味らしいです。

第6話【け】

お昼休み
あれ どさ 行ぐの？
あ、ちょっと 売店にパンでも 買いに……
引っ越しで ばたばたしてたから ウチのお母さん お弁当作るの 忘れちゃってー
もぐ もぐ
今から買いに 行っても すっげー混んでで ムリだやー
あ、私の おにぎり いっぺー あるがら
け？
ウチのばっちゃの にぎった「ぼだっこ」のおにぎりは サイコーに うめーんだやー
「け」が「食べて」って意味なのは なんとなく分かるけど「ぼだっこ」って何ー!?

うるだぐ

秋田では**「け」**という一文字の言葉がとても便利に使われております。

「食べて」「来い」「かゆい」などが、なんとこの一言で済んでしまいます。まさに**言葉のエコ**です。

さて4コマ目でユリの言い放った謎の言葉**「ぼだっこ」**ですが、もちろん秋田県人にはすっかりお馴染《なじ》みですね。

でも県外の方が、おにぎりの中身は**ぼだっこ**と聞かされてどんな想像を巡らせるのか？

「むう……『ぼだっこ』というくらいだから**『ぼだ』**という生き物の卵？……。秋田の言葉は濁点《だくてん》が付くのが特色だから『ほた』っていう言葉が原型か！

じゃあ**『ほた』**ってなんだ？『ほた』って……『ほた……て』、あッ、**『ホタテ』かー？**『ホタテ』の入ったおにぎりだァー！」

と、このように真剣に考えてくれれば考えてくれるほど、意味を知ってるこちらとしては、その反応を見てるだけでとても楽しめます。

まあ、この4コママンガは県外の友人が必死にぼだっこについて考えてくださった結果の**実話**だったりします(笑)。

さあ、はたして、みなせはこのおにぎりを食べられるのでしょうかッ!?

第7話
【魅惑のおにぎり】

……ぼっ
ぼだっこ…
……
いったい
どんな具
なんだろう…
それにしても
このお米の
つややかで
煌めく輝きは
どうだろう……
ぱあぁっ
ああっ、これが……
これがあの
秋田県産
「あきたこまち」
なのねッ！
つやっ
つやっ
「ぼだっこ」が
何なのかとても
気になるけど
私はこのお米の
醸し出す甘美で
妖艶な誘惑に……
あむっ
勝てなかった
なっ
何したの？
……にっ、
…日本人に……
生まれてよかった
なーって……
はっ
おにぎりの中身
は塩鮭が入って
いました。

おぼでーっ

ハイ、「ぼだっこ」の正体は**「塩鮭《しおざけ》」**でした。ではなぜ塩鮭がぼだっこと呼ばれるのか、ちょっと調べてみました。

秋田弁に関する辞書**『秋田のことば』**（無明舎出版）には、さすがです、載ってました。

【ぼだ】ぼだっこ　塩鮭。この魚肉の赤みの強い色を「牡丹」の花の色になぞらえたものであろうか。

「なぞらえたものであろうか」と推測みたいですが（笑）、この由来はけっこう的《まと》を射ていると思います。

牡丹の花の真っ赤な色と塩分がよく染みた塩鮭の真っ赤な色ってどこか似てますよね。

多分、「ぼたん」が「ぼだん」、そして秋田弁のなんでも語尾に「〜っこ」をつけるのが加わり「ぼだんっこ」となり、**「ぼだっこ」**になったと推測されます。

みなせも涙したとおり、**「あきたこまち」**はおいしいです。いえ、地元びいきとかではなくてホントに。

私が普段食べるお米は、玄米を「コイン精米」して食べております。なんかふと考えてみると贅沢だなーとか思っちゃいますね。

精米したてのお米はやっぱりすごい美味しいですしね。

昔、県外に暮らした時、寮で食べたお米があまりにも不味《まず》く絶句するほどだったため、いかにそれまでおいしいお米を食べていたのか、と涙ながらに痛感したことがあります。

第8話

【雪が降るころに】

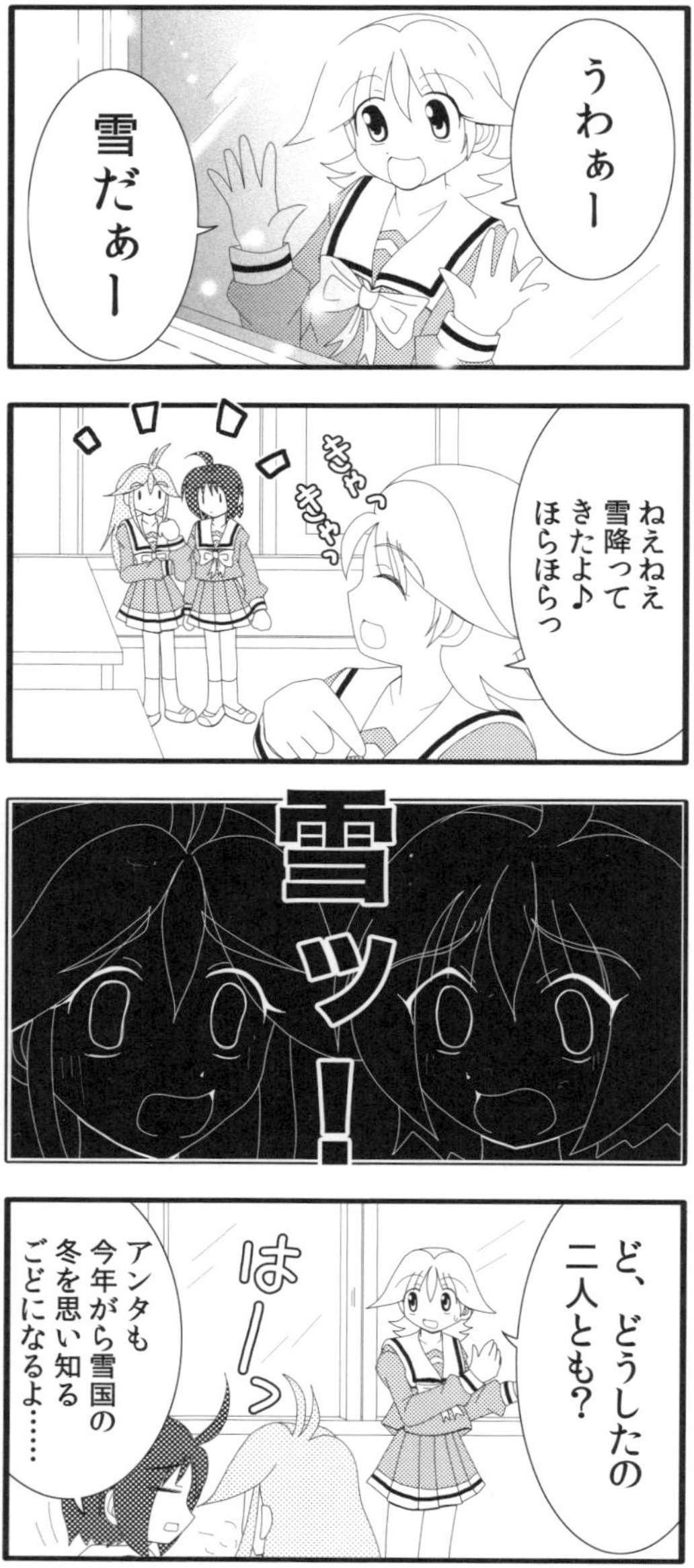

ぬぐだまる

雪のイメージってのは、降り積もる地域とそうでない地域では、かなりの**溝がある**のではないかと思います。

雪がたまにしか降らない地域では、**ロマンチック**だとか**奇麗で幻想的**だとかイメージしますよね。

冬前になると、毎年ごていねいに雪をテーマにしたラブソングとかが発売されたりで、「雪と恋愛をむりやりこじつけるなー!」と、毎年密《ひそ》かに声にならない声を胸の中で叫んでおります。どうせなら雪の厳しさ、辛さを題材にした演歌やメッセージソングをもっと発信してほしいものです。

それに対してゴッソリ雪が積もる地域では、**「寒い」「雪掻《ゆきか》きツライ」「交通渋滞」「滑る」「除雪車が夜ウルさい」**とかが冬の雪のイメージですね。

秋田では雪といえばマイナスイメージしか浮かばないものですけど、これを逆に売り物にする観光ツアーってのを青森でやってましたね。**「地吹雪観光ツアー」**だったかなあ。未体験な方々にはかなり魅力的で好評だったとのことです。

普段見慣れてるものを、見慣れていないヒトに提供する、というのは商売として成り立つんですよね。まあ、実際ずっとこの雪の中での生活を送って下さいますか? と質問するとたいていの方はノーでしょうけどね。はっきり言うと、ふだんの生活に影響されていないから雪を楽しめるわけですし。

第9話

【シロイアクマ】

でも雪降るのっていいなぁ……
こうしてしんしんと降り積もるのをじっと見てると……
とっても幻想的で素敵だわ……
この真っ白な雪が私の心を穏やかにそして清らかにしてくれる……
ばがけーッ！
雪はそった甘いモンでねッ あれは白い悪魔だッ！ ホワイトデビルだッ！
そ、そこまで言う程なの？

あいしか

雪は確かに「ドカッ」と積もるとイヤなのですが、あのうっすらと何者にも汚されてない「まっしろな世界」は大スキです。

あと、深夜に街灯の灯りに照らされて降ってくる雪を見上げるのもスキですねー。

「雪あかりに照らされた街並に、音もなく降り注ぐ雪の妖精たちの舞を愛でながら、世界には自分しか居ないようなこの静寂の時の中で、今宵妖精たちと優雅に踊ろうか……」

あっ、すみません、**詩人を気どってみました（笑）**、ガラじゃないですね。

まあ、雪の何が嫌かと言いますと、要は**雪搔き**とか**それに伴う交通渋滞がイヤ**なんですよね。

朝の貴重な時間に雪搔きってのは、ホントに苦痛なんですよ。

雪はホント雪搔きしない程度に降ってくれると嬉《うれ》しいのですが、やはり自然の成り行きですのでそうもいきません。

それに雪が積もらないと、秋田のスキー場や雪祭り関係が大打撃を受けますので、一概に嫌ってばかりもダメですよね。

一番大事なのは雪の積もる地域に生活しているのですから、雪と共存することなんでしょうね。

しかしそうは思っても、昔の電気、石油ストーブや車がない時代の冬の生活は、今考えるとホント大変だったと思います。

第10話

【イノセント・スノー】

小さいころ、どうしてあんなに雪が積もるとうれしかったのだろう?
大人になると子どもの時に一緒にあそんでいた雪の妖精たちが見えなくなってしまうから……。

どうも、詩人です。スミマセン、今回ポエムっぽく始めてみました。

えー、この**「雪を食べた」**ネタですが、雪国に住んでいたら誰しも一度は雪を食べた経験はあるでしょう。

雪だったら綺麗なトコとか積もりたてのモノを食べる分には問題ないでしょうが、いっぱい食べたりすると、お腹《なか》を壊すのは必然ですけどね。それに大して美味しいわけでもないですし(笑)。

しかし、**たろんぺ(つらら)**は今考えるとむちゃくちゃ汚いと思うわけですよ。

だって、屋根とかの上に積もった雪が解けてきて、その雫が垂れ固まってできたものでしょう?

その屋根の上のホコリとかだったらまだしも、もし鳥の××とかいっぱいあって、それが雪と混ざり合って固まって出来ていたとしたら……む、昔はよく**舐《な》めたり**してましたね……うわあーーーーーッ! そう考えると、昔の自分に今から**タイムマシンで会いに行って**止めたい思いに駆られます。

まあ、さすがに過去には戻れないので、自分の子どもにはさせないように努力しております。

第11話
【覚悟のススメ】

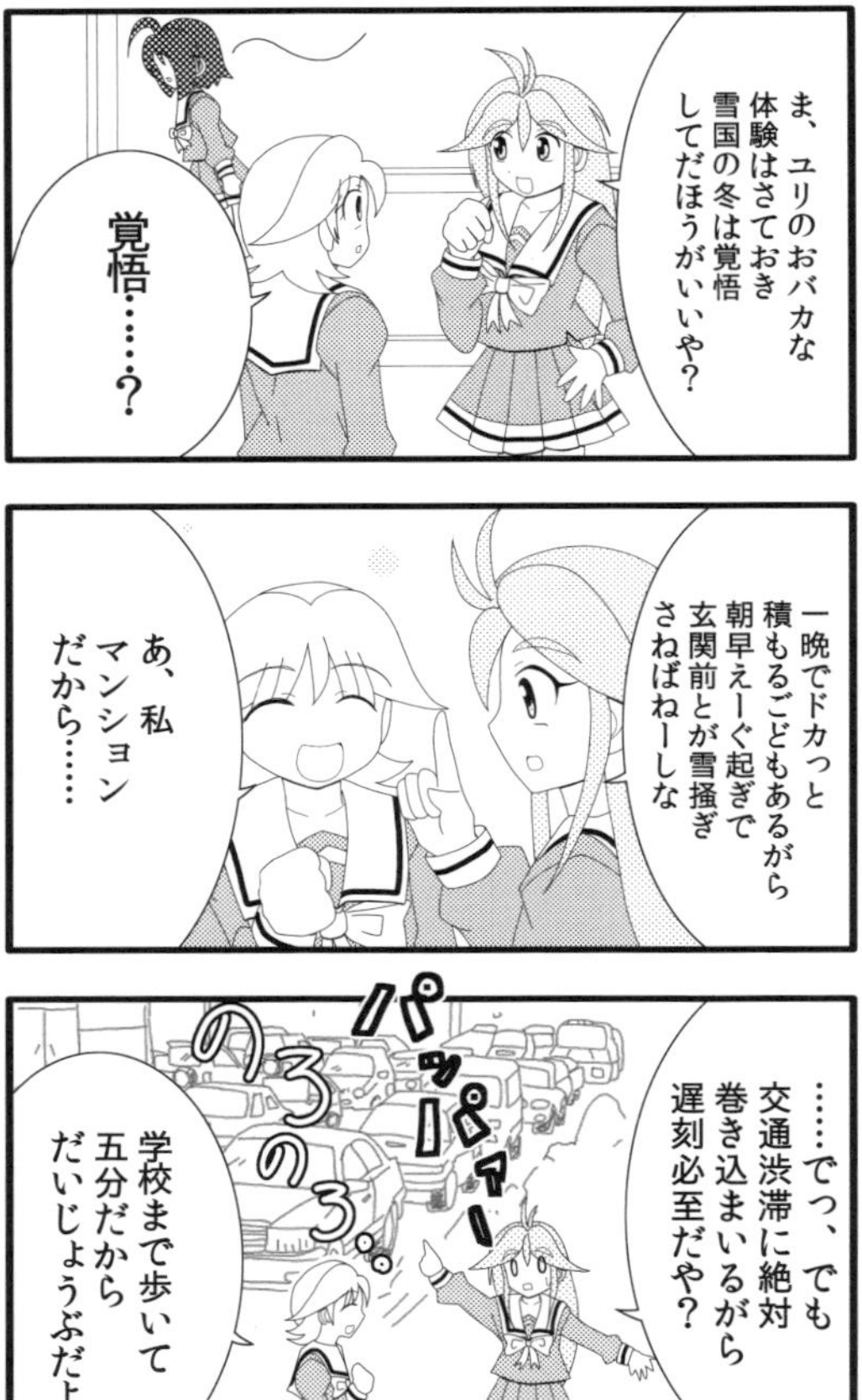
ま、ユリのおバカな体験はさておき雪国の冬は覚悟してだほうがいいや？
覚悟……？
一晩でドカっと積もるごどもあるがら朝早えーぐ起ぎで玄関前とが雪掻ぎさねばねーしな
あ、私マンションだから……
……でっ、でも交通渋滞に絶対巻き込まいるがら遅刻必至だや？
パッパァー
のろのろ…
学校まで歩いて五分だからだいじょうぶだよ
そ、そいだげでねんだやッ雪の怖さはそいだげでねーんだやッ！ゆっ雪をナメんなやッ！
がばっ
ええっ？ゴ、ゴメンなさいっ

やめなる

滅多に雪が積もらない都会で、数年に一回の割合で**雪が積もってニュースになる**ことがありますね。

車の事故やケガ人が何人出たとか交通機関がマヒしたとかで大騒ぎになります。

こういったニュースを、雪国の人間から言わせて頂くと**「雪をナメてるからだやなー」**と思ってしまいます。

だって、雪が道路に積もってたり凍ってたりしてるのに、チェーンをタイヤに巻かないのはおろか、スタッドレスタイヤをはかない、とは**どういうこと?** ノーマルタイヤで雪道を走るなんて甘くみてるとしか思えません。

歩くのもそうです。つるッつるの靴底の靴で歩くなんて転ぶのが当たり前。雪道には雪道の靴があるんですよ。

でも朝の渋滞はどうにもなりませんね。

秋田は**車に頼りきった交通事情**です。

よく都会のヒトより田舎のヒトのほうが足腰強くていっぱい歩ける、っていうイメージがありそうですが、実際はその逆です。

都会ではおもな移動手段が電車ですので、家から駅まで歩いたり、駅構内を歩いたり、駅から目的地まで歩くワケですが、田舎では家から目的地まで**直で車**ですから、まったく歩きません。完全な車社会です。これはちょっと考えなければいけないと思います。

極端な話、**歩いて二、三分のコンビニにも車を使って行く**ヒトも多いです。えぇ、本当です。

第12話

【ひやっけー!】

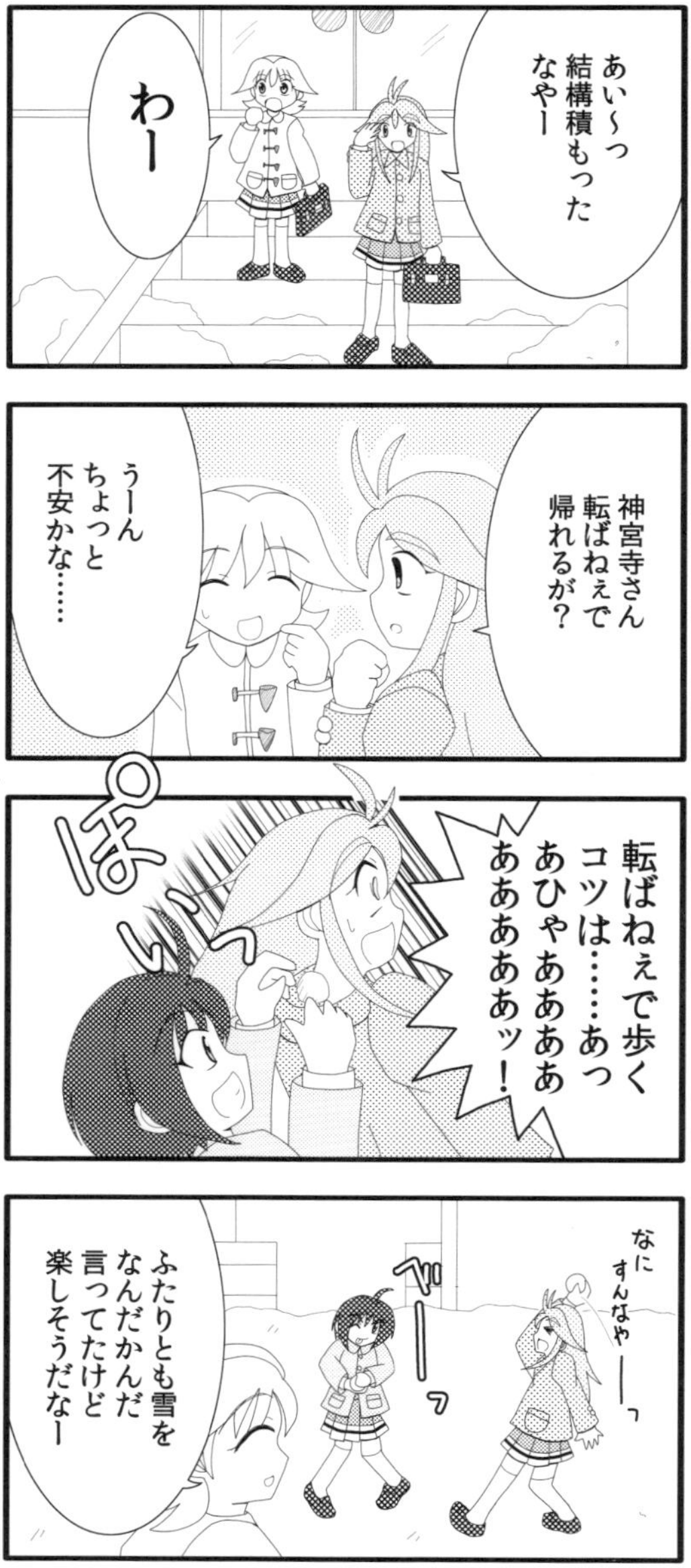
あい～っ
結構積もった
なやー
わー
神宮寺さん
転ばねぇで
帰れるが?
うーん
ちょっと
不安かな……
転ばねぇで歩く
コツは……あっ
あひゃあああああ
あああああッ!
ぽいっ
なにすんなやーーっ
べーーっ
ふたりとも雪を
なんだかんだ
言ってたけど
楽しそうだなー

かっちゃぐ

雪道で転倒する不安がありまくりのみなせさんですが、「雪道での歩き方」をレクチャーしたいと思います。

まず靴ですが、これはやはり冬用のブーツとかスノトレを、お薦めしたいです。

間違ってもローファーとかスニーカーとかはダメ。ハイヒールなんてもってのほかです。

次に歩き方ですが、これはいつもの歩き方では**確実に見事《みごと》にコケます**。

基本は少し前傾姿勢で歩幅を狭く、そして小刻みにということを頭に浮かべて歩くようにしましょう。

凍った路面については、むしろ歩くというより**思い切ってスケートでもしてる気分**で滑りながら進みましょう。イヤ、これは冗談ではなくてマジです（笑）。

いくら地球温暖化といってもそう簡単に雪が降らなくなるなんて思えないわけでして、これからも冬には雪と付き合っていかなければいけないのです。

でも、もし地球温暖化が加速して秋田でまったく雪が積もらなくなってしまった……という状況になったら果たしてどうなるでしょうか？

やはり雪掻きや交通渋滞がなくなって、生活はかなり楽になると思うんですが、多分、それ以上にきっと物足りなくなって暦の上だけの淋しい冬になるでしょうね。

第13話

【思い上がり】

こじける

3コマ目の訳です。

秋田弁「あ、かっちゃ？　何や？　学校さ居るどぎだば携帯さ電話してけばダメだって言ったべや？」

訳「あ、母さん？　何？　学校に居るときは携帯に電話してきちゃダメって言ったでしょう？」

秋田弁「あ？　週末えさけど？　なんでや？　んたよー　こえーし」

訳「え？　週末に家（実家）に来いですって？　どうしてよ？　嫌よー　疲れるし」

秋田弁「え？　とっちゃがとじぇねえど？　すったごど言ったっておいも忙しくてよいでねーもの　へば電話切るやー」

訳「え？　父さんが寂しがってるから？　そんなこと言われたって私も忙しくて大変なのよ　じゃあ電話切るわよ」

なんとなく秋田に慣れてきたみなせですが、強烈な**秋田弁全開フルスロットル**なタツ子先生の電話の会話に、かなり打ちのめされてしまった模様です（笑）。まあ、方言はそんなひと月くらいでばっちりなワケないですからね。こっちと話してくれることばと、普段使っていることばが違うのが分かったとき、仲良くなってると思っていたのにことばを使い分けられると、なんかまだ打ち解けてないのかなーとか思っちゃいますよね。

第14話

【食べれ、食べれ？】

あ、よかったら
食べてくださいね
おいしいですよ
どうぞ♡
はい
いただきます
ほわわっ
あっ、おいしー♪
なんて名前
なんですか
このお菓子？
金萬って
いうんですよ
!?
え？
秋田名物
「金萬（きんまん）」
です。
かあぁっ
きっ、き
き…きっ
ん…まっ……
中に入ってる
白餡がまた
おいしいん
ですよー

しょねわり

秋田の有名なお土産《みやげ》のお菓子といったらこれですよ。**秋田銘菓「金萬」**。

カステラ生地の中に白餡《しろあん》が入ってる小さい大判焼きです。表現おかしいですね（笑）。**外側はしっとり、中はさらりとした甘さ**が絶妙な食感のお菓子です。

金萬についてイロイロ調べてみました。すると興味深い記事をいくつか目にしました。

実は秋田だけにあるオリジナルお菓子ではない。「都まんじゅう」「都まん」というネーミングで、まったく同じお菓子が日本全国に点在し販売されている。

どうやら製造する機械が同じらしい。材料、作業工程も同じで**焼き印だけ違う**。それぞれの土地でとても親しまれていて、それ故にそれぞれの地で名物になった、とのことです。

ずーっとこの歳まで秋田にしかないお菓子だと思っていたのですが、ちょっとショックでしたね。

でも、この**金萬**という名称はとてもインパクトありますよね。

みなせも**深読みしすぎて赤面してますが（笑）**。

絶対、一度聞いたら忘れられないですし、やはりネーミングセンスというのは大事ですよね。

もし秋田でも「都まん」という名称で売られていたら、今ほど秋田県人に愛されるお菓子になっていたかどうか……？

第15話

【県民の合言葉】

ガラッ
あーッ!「金萬」食べでらーッ!
ずりーっ!!
あ、二人とも よかったら つまんでって 下さいね
やったーっ「金萬」だば なんぼでも 食べられるものなー
あーんっ
へー 今までで 最高は何個 食べたの?
ビシィイイッ
ニジュウハチコ
食ベマシタッ!
あっはははは
え? えぇーッ? なんでカタコトの 日本語なのー?

したっけなー

「ニジュウハチコ、タベマシタッ！」

と、**謎の外国人**のセリフでお馴染《なじ》みの秋田銘菓**「金萬」**のコマーシャルが元ネタです。

現在、秋田県に住んでいる、もしくは過去に住んでいたことがあるという方々にはすっかりお馴染みなコマーシャルですね。

昔から何通りかのバージョンが制作されておりますが、**よくわからないこだわり**が随所に見受けられます。

それは、「外国人の起用」と「ニジュウハチコタベマシタッ」です。外国人の起用は、和菓子とのミスマッチ的なインパクトを表現しようとしてるのが予想できますが、「ニジュウハチコタベマシタッ」の**二十八個の意味**の謎がいまだに解けません。

なぜ二十八個なのか？ どうして三十個ではダメなのか？ 山は死にますか？

このコマーシャルがきっかけで、二十八個実際食べようと無謀なチャレンジをした方が廻りには必ずいると思います。

私もやったことありますが（笑）。

十個くらいが限界ですね。飲み物がないとすっごい大変だと思います。

あ、金萬に合う飲み物といえばお茶が定番だと思いますが、私は牛乳がよく合うと思うんですよね。あのほどよい皮と白餡の甘さが牛乳とよく合うんですよ。ええ、ぜひお試しください。

第16話

【テレビ地上波格差】

えー、秋田のテレビ放送についてのお話なのですが、2010年3月現在、民放は3局しかございません。

ABS　秋田放送（日本テレビ系列）

AKT　秋田テレビ（フジテレビ系列）

AAB　秋田朝日放送（テレビ朝日系列）

以上の3局が秋田の民放テレビ局です。

小5のころに埼玉の親戚《しんせき》のウチに行った時、新聞のテレビ欄を見た瞬間、幼いながら強いショックをうけました。どうしてかと言いますと、**テレビ番組の掲載面が秋田に比べて異様に広かった**からです。

「巨人戦以外の野球中継がテレビで中継されてる！」

「8時だヨ！　全員集合」？　「あれ？　ドリフって大爆笑のほかにこんな番組あったんだー」と感激したり、「クイズダービー」を観て、「これが噂の**『はらたいらさんに三千点』**かー」とか、「なんでこんなにチャンネルがいっぱい観られるの！？」と大興奮。

だって秋田ですと当時は民放が二つしかなかったんですよっ！

これは私の憶測に過ぎないのですが、昔は**テレビをいっぱい観たいがために秋田を離れて都会を目指した人**が少なからずいたと思います。もっと民放テレビ局があれば人口流出は防ぐことが出来た……かも。

第17話 【ゴールド☆すたー】

事前に申し上げておきますが、あえてネタの人物は**スルーしますので**ご了承下さい（笑）。

さて、秋田県出身の有名人ですが結構いらっしゃいますよね。

有名どころでは俳優の柳葉敏郎さん、女優の加藤夏希さん、タレントの佐々木希さん、でしょうか。

そんな有名人がたくさんいる中で、私はプロ野球の**落合博満氏**のファンであります。

「オレ流」と称されるその言動がいかにも秋田県人らしかったですし、誤解を招きやすい発言などもありますが、自分の信条を貫き通す意思の強さに一番感銘を受けました。

ま、悪く言えば「自分勝手な協調性のないヤツ」の一言でも済ませられるのかもしれませんが（汗）。

実際、秋田県人のイメージといえば、「口数が少なく、無愛想」「黙々と真面目」「融通が利かない、頑固」、「自己アピールが下手」というのをよく聞きますね。特に最後の**「自己アピールが下手」**というのにはたいていの秋田人は心当たりがあるでしょう。まあ、私なんかもそのクチなんですけどね（笑）。

自分は勝手にやってるから、理解してくれる人だけ判ってくれれば良い、みたいな考えがあったりしまして……。でも「ちょっとは構《かま》って欲しい」みたいな一面もあったり（笑）。

ホント秋田県人って困ったもんですね。

第18話【チャンピオン】

ミサトさーん見てみてー
あやスギッチのぬいぐるみ?
スギッチって秋田のイメージキャラなんでしょ?気に入っちゃって自分で作っちゃった
えへへー
へー自分で?神宮寺さんって器用だなやー
スギッチといえばな「TVチャンピオン」のゆるキャラ日本一決定戦で優勝したんだや
えーっ 本当?スゴイなぁー!
よーし これからもゆるキャラ王者でいられるように私応援するよー!
だーっ
んだども今の王者は知名度でいげば「ひこにゃん」だべなー

おだる
ぽきっ

「スギッチ」は秋田県のイメージキャラクターです。

２００７年の秋田わか杉国体のイメージキャラとして活躍したのですが、そのまま県のイメージキャラへとシフトしました。

「秋田杉」をモチーフにした愛らしい外観で、県民の認知度もかなり高いです。

一番世にその存在を知らしめたのは、２００６年４月にテレビ東京系列で放映された、**「TVチャンピオン　ゆるキャラ日本一決定戦」での優勝時**でしょう。

さて、この**「ゆるキャラ」**ですが県内各地でもいろんなキャラが存在します。

秋田名物きりたんぽ発祥の地、鹿角市の**「たんぽ小町ちゃん」**、秋田市上下水道局のマスコットキャラクター**「カンちゃん」（水乃環太朗（笑））**、そして**あんまり歓迎したくない**秋田市税のイメージキャラクター「熱血ゼイレッド」、「知性派ゼイブルー」、「ドジっこゼイイエロー」の三人組とか。

それだけ今のこの不景気な荒廃した時代に、癒《いや》しの存在として「ゆるキャラ」が求められているのでしょう。ゆるキャラはやはり見た目が重要で、愛らしい外観だとそれだけでもう大人気ですね。

スギッチも、彦根城築城４００年祭キャラクターの**「ひこにゃん」**に負けずにがんばってほしいですねー。

第19話

【花粉症なら同感】

うぃ~っす
フラ~~
あぃー
なした?
風邪ひぃだが?
うんにゃ
この季節
花粉ひでくてなー
最悪だー
ぶーーん
あー、ユリ
花粉症だもんな
辛そうだなやー
ちょっ
そいどご
こっちゃ
よごせッ
え?
何? スギッチは
何も悪くないよッ!
ユラ~~
すざっ

はらわりぃー

前回、スギッチに「がんばってほしい」と言いましたが、がんばってほしくないことがあります。

それは……、**ぜひとも「スギ花粉《かふん》の飛散」だけはなんとかして止めていただきたいのです。**

ユリ同様に私もそうなのですが、花粉アレルギーの方にとって春先のあの**目のかゆみ、鼻水、くしゃみのコンボ**はもう勘弁して欲しいのです。

もうあの時期になると、鼻にティッシュを詰めてマスク装着状態ですよ。あの息苦しさ煩《わずら》わしさといったら……ハアハア、思い出しただけでキツイですなあ。

私なんか、**「花粉が飛び散る映像」**を観ただけで鼻がむずがゆくなり、くしゃみがでそうになるほど重傷なのです。

ま、スギ花粉がスギッチのせいだなんて、いい大人がそんな子どもっぽいことを言って因縁をつけるのは、ホントにバカなことだとは思ってはいるんです。

けれども、実際あの症状に陥りますとね、どうしても脳内で**スギッチが県内の秋田杉に楽しそうに指示を出してるイメージ**しか浮かんでこなくなってしまうのです。

ゴメン、スギッチ……被害妄想にもほどがあるよね。

さて、4コマ目のあとのスギッチがどうなったかは　ご想像におまかせ。

第20話

【投棄？】

はかめぐ

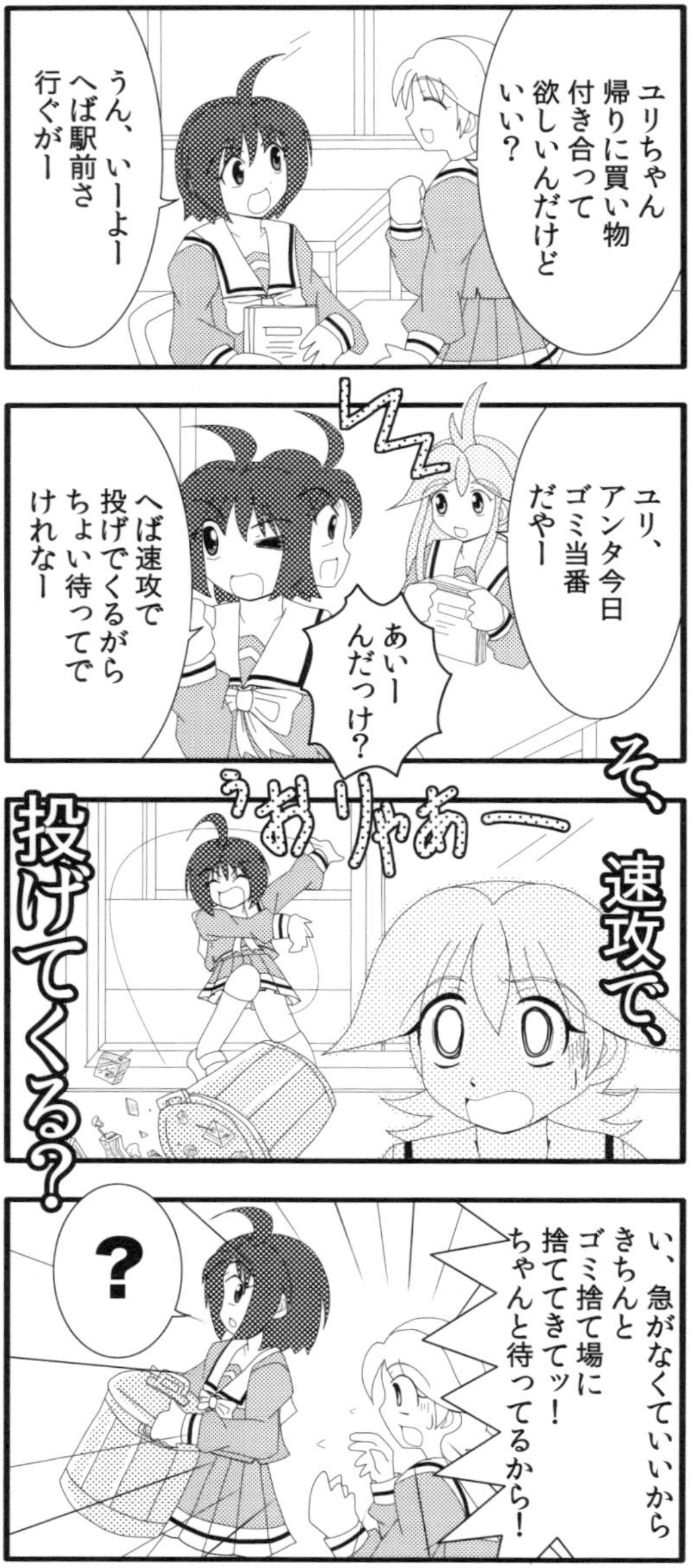
ユリちゃん 帰りに買い物 付き合って 欲しいんだけど いい？
うん、いーよー へば駅前さ 行ぐがー
ユリ、アンタ今日 ゴミ当番 だやー
あいー んだっけ？
へば速攻で 投げでくるがら ちょい待ってで けれなー
うおりゃあーー
そ、速攻で、投げてくる？
い、急がなくていいから きちんとゴミ捨て場に 捨ててきてッ！ ちゃんと待ってるから！
？

秋田を含む東北、北海道あたりでは「ゴミを捨てる」ことを**「ゴミを投げる」**と言います。

調べてみると、けっこう、北日本の広い範囲で使われてるみたいですね。

以前、関東に住んでたころ、思わずこの言葉を発したところ**「ポイ捨てしちゃダメだろー」**と怒られました（笑）。

確かに意味合い的には通じそうな感じはあるのですが、やはり聞き慣れない方には乱暴な言葉に感じられますよね。

「投げる」という言葉は「ボールを投げる」とか「柔道技で相手を投げる」、「相撲の上手投げ」とかの力を込める動作に繋《つな》がってるのがほとんどです。

つまり「ゴミを投げる」というのは方言を知らない方が聞くと、**「力任《ちからまか》せにゴミをブン投げる」**という意味にとってしまうわけなんでしょうね。

「投棄」という言葉もあるように、「投げる」と「捨てる」は連続的な行動にもとれるので、**「投げ捨てる」**から「捨てる」が省略されて「投げる」だけで意味が通じるようになったのかもしれません。

この言葉を聞いた時、みなせはユリの性格上、**ホントに3コマ目のようなことをしかねない**と、ものすごい危機感を抱いたことでしょう（笑）。

第21話
【秋田駅前広場】

えふりこぎ

この広場のネーミングの意味を知ると、誰もが**突っ込まずにはいられない**と思います。

でも、まあこの名称で慕われてますので、いまさら変えないでこのまま愛用していきたいですよね。

さてアゴラ広場は高校のころは、私もよく通ってました。地下駐輪場にチャリを置いて、「フリーウェイレコード」とか「グリーンパーク」とか「ゼンオン」とか「パレ・ドゥ」(笑)によく行ってました。

でも最近は「ジュンク堂」ができたので行ったくらいで、それ以外あんまり行かないんですよね。

やはりネックは**駐車場利用料金でしょうね。**

仲小路や広小路の**寂《さび》れ方なんてかなり尋常ではない**ので、ホントどうにかならないかなあと。

秋田駅前といえば、昔は(二十年以上前)それこそ秋田の商業地の中心としてとても活気に満《み》ち溢《あふ》れていました。買い物客や若者で溢れかえり、とても**ワクワク**できる楽しい場所でした。

しかし、現在は郊外の巨大ショッピングセンターにその地位を奪われ、とても寂しい街並になってしまっています。

もう、昔のようなドキドキ感を感じながら広小路を歩くことなんて、ないのでしょうか……。

第22話

【いざ買い物！】

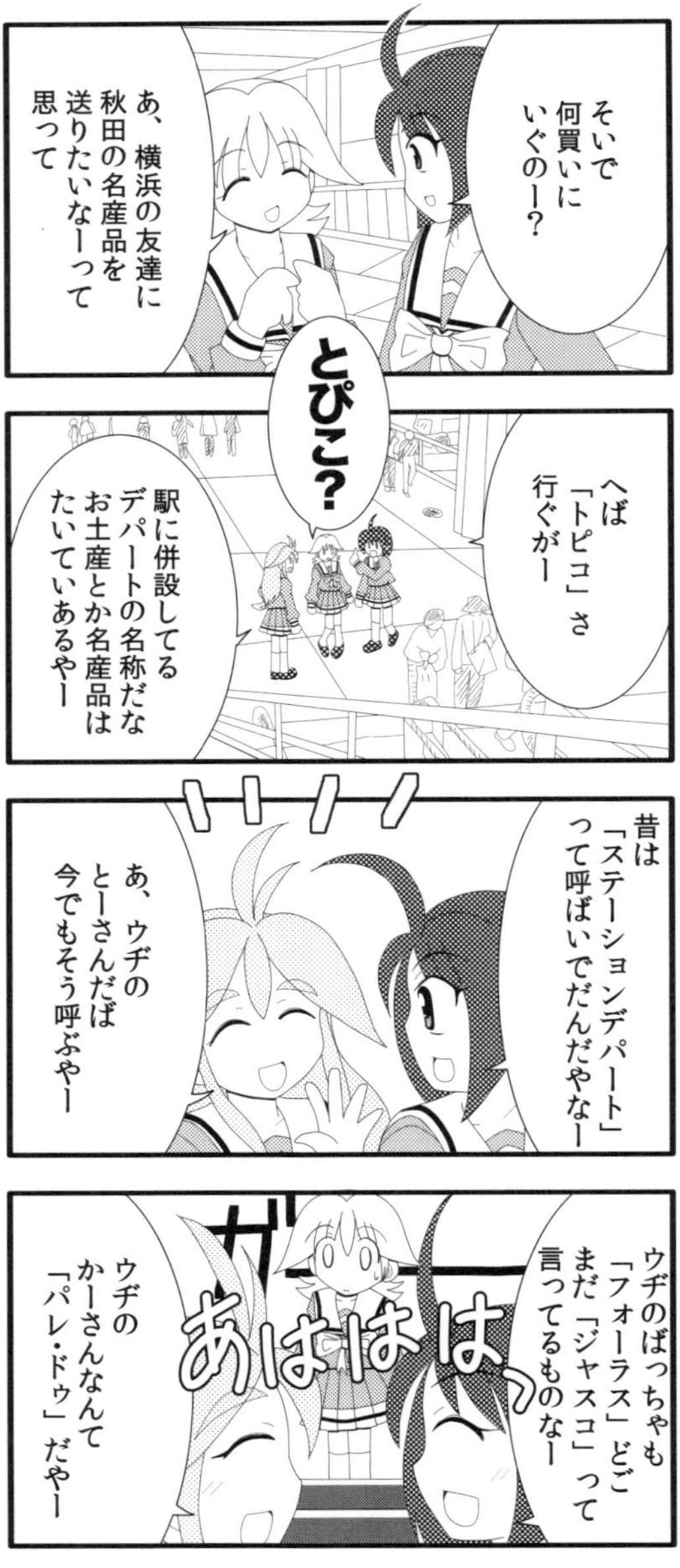
そいで何買いにいぐのー？
あ、横浜の友達に秋田の名産品を送りたいなーって思って
へば「トピコ」さ行ぐがー
とぴこ？
駅に併設してるデパートの名称だなお土産とか名産品はたいていあるやー
昔は「ステーションデパート」って呼ばいでだんだやなー
あ、ウチのとーさんだば今でもそう呼ぶやー
ウチのばっちゃも「フォーラス」どごまだ「ジャスコ」って言ってるものなー
ウチのかーさんなんて「パレ・ドゥ」だやー
あははは っ

まなぐ

「トピコ」とは秋田駅に併設されている商業施設のことです。

秋田の玄関口の顔でもあるわけですね。

昔のステーションデパートに馴染《なじ》みが深い私のような人間にとっては、とてもきれいでお洒落で、なんか落ち着かない（笑）のです。

隣接する「フォーラス」も、やはり**この歳になると**縁遠くなりまして、敷居が高くなってます。

4コマ目でユリが、『フォーラス』どこまだ『ジャスコ』って言ってるものなー」と言うセリフがあります。

最近の秋田の若い方は昔**「ジャスコ」**だったことを知らない方が多いことにびっくりし、時の流れの早さに絶句したものでした。

考えてみれば、20年以上も前の話ですから、そういう世代が増えるのは当たり前なんですが……。

秋田市のデパート事情をここ20年位を考えてみますと、だいぶ変化しましたね。

当時は「イトーヨーカドー」、「本金西武」、「パレ・ドゥ」（現フォーラス）、「マルサン」（かろうじてあった？）、「木内」、「協働社」、「ダイエー」、と秋田駅前から大町までたくさんありました。

でも、今ではホント寂しくなりました。昔はデパートのハシゴとかよくしたものでしたが、今ではもう無理ですね。

第23話【見いだが、おめだぢーッ！】

「超神ネイガー」は、秋田が誇る全国的に有名な**ローカルヒーロー**です。

登場した当初は、その**自由な遊び心**と**突出したクオリティの高さ**にとてもビックリしました。

ここまで徹底して秋田にこだわって、真面目に取り組んでるのをまのあたりにすると、ホントに心の底から**「秋田でここまでやれるなんてすげーッ！」**と感嘆せざるを得ませんでした。

実はこの４コママンガも、少なからず**ネイガー**の影響を受けているんです。

「秋田をテーマに、自分が出来ることを楽しみながらやって、楽しんでもらいたい」っていう想いが私の根っこのほうにありまして、ネイガーの出現が私のその想いの創作意欲に火をつけてくれたようなトコがあった気がします。

さて、ユリがネイガーの武器「キリタンソード」を持ち出してますが、トピコではこのキリタンソードは**売っていません。**

修学旅行でのお土産の「木刀」と同じように、土産物屋で扱ってくれたら面白いだろうなー、という願望から考えた**ネタなんです（汗）**。

ですのでトピコのお土産屋さんに**キリタンソードありますか？**とか絶対たずねないで下さい。ぜひともお願いします（笑）。

第24話

【なまはげから見るお土産観】

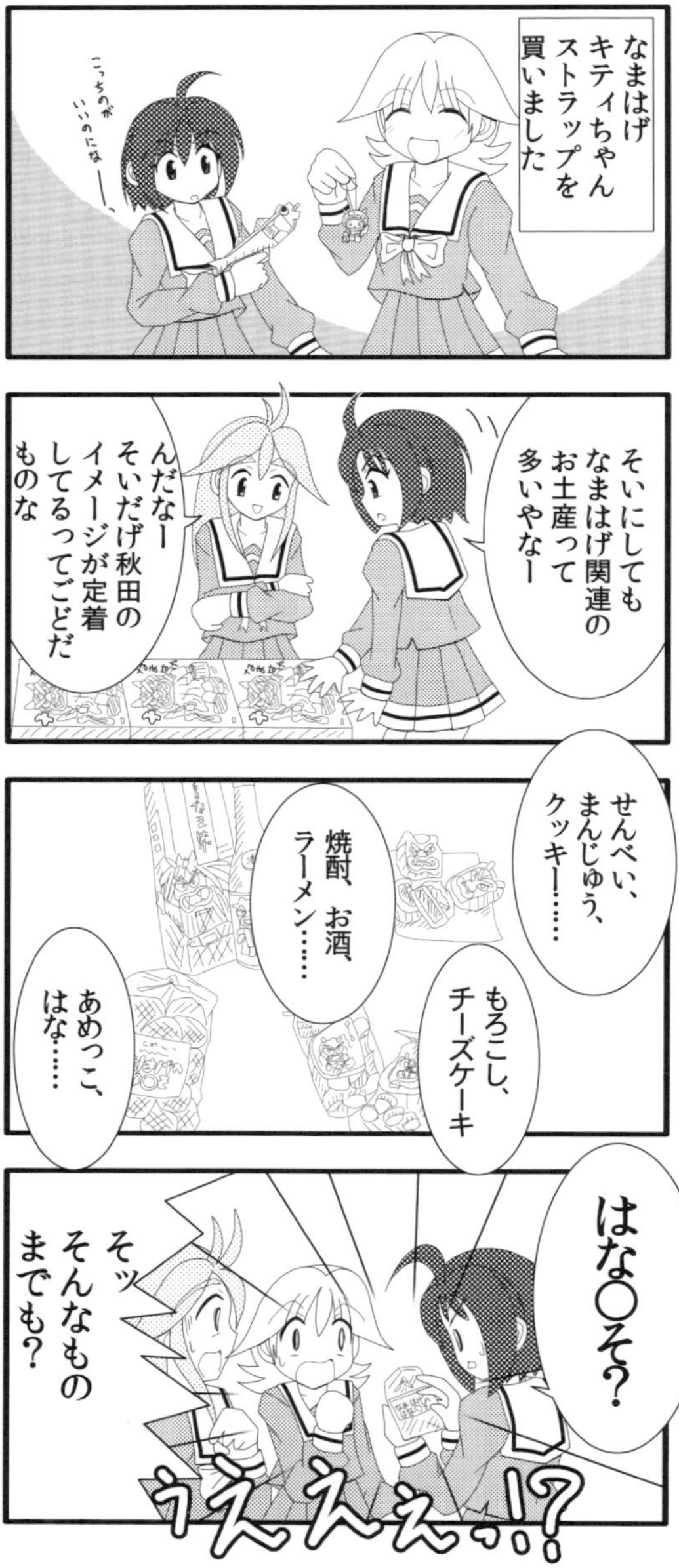
なまはげキティちゃんストラップを買いました
こっちのがいいのにな――っ
そいにしてもなまはげ関連のお土産って多いやなー
んだなー そいだげ秋田のイメージが定着してるってごどだものな
せんべい、まんじゅう、クッキー……
焼酎、お酒、ラーメン……
もろこし、チーズケーキ
あめっこ、はな……
はな○そ？
ソッそんなものまでも？
うえええっ!?

うるうるでー

さて、秋田のお土産品の関連でダントツに多いのが、この**「なまはげ」**をキャラクターに使用した商品ですね。

ホント多いです。多過ぎです（笑）。

それだけ県外でのなまはげの知名度は抜群で、**「秋田イコールなまはげ」**という図式がスグ成り立ってしまうのでしょう。

他県ではなかなかこういったキャラがいないですからね。

ホント「なまはげさまさま」ですよ。

この４コママンガのオチの商品の正体は**麩《ふ》菓子**です。ええ、一応資料にと**買ってみました（笑）**。

良くも悪くもこのネーミングセンスに脱帽ですよね。姉妹品には**もっとすごいネーミング**のものが……（大汗）。

それはあえて言いますまい……。

しかしこういったクセのある商品は、通常は**マイナスイメージ**になっちゃうんですが、それを逆手にとってインパクトを与えるってのがスゴイです。

北海道のキャラ**「まりもっこり」**とかもそうですよね。

本来タブーとされている話題や言葉をうまく利用して、人間のこわいもの見たさと言いますか、**触れてはいけないものに触れたくなるという**、微妙な心情を巧みに突いた見事な商法だと思います。

もっとこういう商品が増えたらいいなあ（笑）。

第25話

【伝説の石像】

あ、あんなトコになまはげの石像が！
あー「なまはげちゃん」だなー
やーんカワイイナー♪
なでなで
その石像には「伝説」があってなー
「伝説」？
？
キラ キラ
「卒業式の日に、この石像の前で告白せば永遠に幸せになれる……」
……そんな伝説があるんだやー
へーーっ
きゅん♡
ばしこぐな

んだんだやー
おべだふり

この**「なまはげちゃん」**と名称される石像は、ＪＲ秋田駅前の西武地下街入り口の前にあります。あんまり目立ったトコに設置されていないので、秋田市民の方でも**知らない方が多い**みたいです。(汗)。

なまはげといえば、それはもう威厳があり怖くてたまらない存在と認識されておりますが、このなまはげちゃんには、なまはげの威厳は**微塵もありません**。

みなせのようにあたまを撫《な》でまくりたくなるくらい、かわいいのです。個人的には、そのとなりにスギッチを並べて欲しいものですね。

あ、秋田県の**ゆるキャラをずらーっ**と並べてみるのもオモシロイかも。

男鹿半島の**寒風山**では良質の石材が採掘されるので、それを利用してこんな可愛らしい石像を造って設置したのではないかと思われます。しかし、ちょっと目立たないトコにあるので、不憫《ふびん》な気がします。できればもうちょっと**道の真ん中に移動させて**、それでちゃんとした台座をつけて欲しいですね。

東京渋谷駅前のハチ公像のように、秋田駅前での待ち合わせスポットとして、ぜひとも**君臨**していただきたいものです。

「今日、どごで待ち合わせする？　あー、へば、なまはげちゃんの前に六時に集合なー」、みたいな会話に、自然に使われるようになって欲しいものですね。

第26話

【宿題忘れの代償】

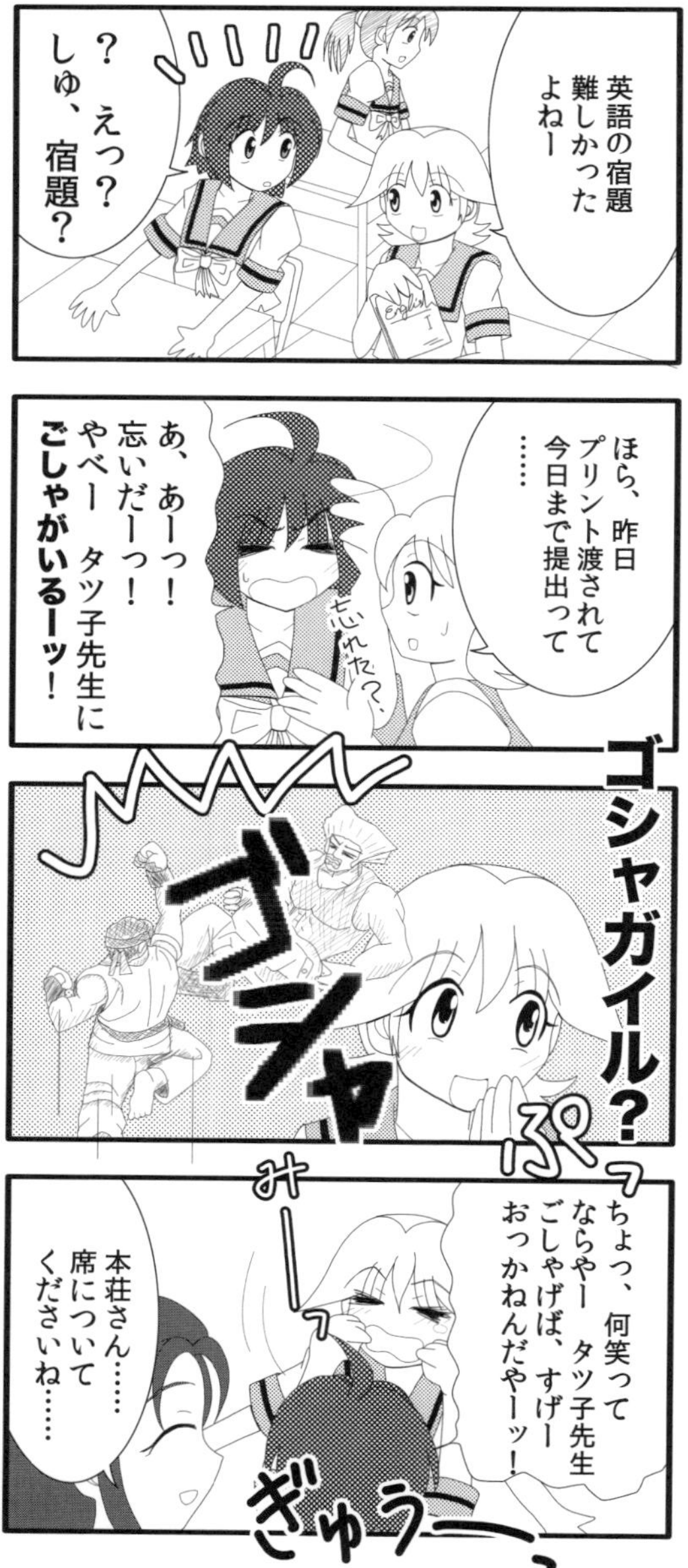

「ごしゃぐ」とは、**「怒る」**という意味。

さてこの「ごしゃぐ」ですが、**『秋田のことば』**で調べてみると……。

【ごしゃぐ】怒る。「後世を焼く」、あるいは「五蔵を焼く」の転か。

「ごせをやく」→「ごせやく」→「ごせやぐ」→「ごしゃぐ」になったようですね。

しかし、**「後世を焼く」**というのはどういう意味なのでしょうか？　気になったのでさらに調べてみると……。

「後世」とは、**「後生」**で仏教でいうと**「あの世」「来世」**という意味だそうです。つまり、**「あの世を焼く」**という意味なのですが、どうして怒ることをあの世を焼くという言い回しになったのか。そこでさらに調べると、仏教を奉ずる人にとって「怒る」ことは、**「来世の安楽を焼く」**くらいに、我慢ならないことがあった時に使っていた言葉だったようです。「死んでから安楽の日々が続くように毎日功徳を積んできたが、それさえも焼いて構わないほどに怒りを覚えた」と。

つまり、もの凄い怒りを覚えて、**死後どうなっても構わない、みたいなカンジ**で使っていた言葉だったんですね。

ちなみに3コマ目の解説ですが、「ゴシャア」と殴られてる人物は「ガイル少佐」と言いまして、９０年代初頭に大流行した対戦格闘テレビゲームのキャラクターです。ガイルがゴシャアとなっているので、みなせが「ごしゃがいる」と連想したワケです（笑）。

第27話

【実は意外と暑いんです】

あっちーぃ
のぎぃーッ
ぱたぱた
秋田って北国だから
涼しいと思ってたけど
けっこう暑いんだねー
秋田市とか沿岸部はまだ
マシなんだやー
内陸平野部とがだば
もっとあっちーぃよ
内陸平野部って
どのへん？
んー 県南の大仙、
横手、湯沢あだりだなー
あ、美郷町もだな
へぇー
のぎ——っ
あ、
羽後町も
そうだね
あー、
あっこは
いろんた意味で
あっちーい所だやなー

のぎーっ

1コマ目のユリのセリフ、**「のぎぃーッ」**は**「暑い」の意味です。**「あったかい」の「ぬくい（温い）」が訛《なま》って「ぬぐい」「ぬぎい」「ぬぎー」「のぎぃー」となったと思われます。本来の使い方である「温かい」の意味ではなく、**暑いに使われている**のが面白いですね。

さて秋田県は冬の寒さと夏の暑さの寒暖の差がけっこうあります。夏は真夏日を記録することもざらですし、冬は氷点下と、寒暖差は30℃くらいありますね。

そのぶん四季の移り変わりがはっきりしていて、自然の移り変わりが目に見えて感じられて風情があります。

特に、長い間雪に閉ざされた冬から、芽吹く春に移り変わる3月下旬から4月初旬のころは、もっとも気分的に高揚する季節でしょう。

羽後町は秋田県南部に位置する山あいの町で、県下でも屈指の豪雪地帯でもあります。日本三大盆踊りの一つ、国の重要無形文化財に指定されている**「西馬音内盆踊り」**でも有名ですね。

そんな羽後町では最近**「美少女イラスト」**を用いたイベントや商品が話題になっていまして、とても活気づいております。

地元の埋もれている資源や文化を再発掘し、イラスト文化との融合をみごとに成功させた行動力、アイディアに敬意を表します。

第28話
【秋田コンビニ事情】

秋田弁「あっ　さいっ！　コピーとらねばねがったがら、ちょこっとコンビニさ寄っていぐなー」

訳「あっ　いけない！　コピーをとらなきゃならなかったから、ちょっとコンビニに寄っていくねー」

「さいっ！」は、「いけない」「しまった！」とか「なんてこった」、「しくじった！」など、失敗した時やうっかり忘れてた時に使う言葉です。

さて秋田のコンビニ事情ですが、草分け的存在で代名詞的存在でもある「セブン・イレブン」がなんということか**一軒もありません。**（2010年3月現在）

たまに県外から来た友人を車で案内してると「あ、タバコ買うからセブン・イレブンに寄ってくれない？」と言われて、無いと伝えると、**まるで異次元にでも迷い込んだかのように仰天**します。

しかし、調べてみると「セブン・イレブン」がない県というのはけっこうあるんですね。秋田県を含む九つの県に店舗がありません。

青森、秋田、鳥取、徳島、香川、愛媛、高知、鹿児島、沖縄です。意外にも四国に一軒もないのにはびっくりです。

ひょっとして**秋田だけに**意図的に店舗を出してこなかったのかなー、と半ば**被害妄想的**に思っていたのですが、こんなにも同士県があってほっとしました。良かったー、秋田だけじゃなかったんだー（笑）。

第29話
【路上アイス販売】

ユリちゃん
昨日はじめて
「ババヘラアイス」
食べたよー
おー
なんとだったー?
ホントに道路脇で
おばさんが
パラソル差して
売ってて
びっくりしたよ
県外がら来た人が
はじめで見れば
何だど思うやなー
でも
ひとつ
大きな疑問が
……
なした?
ピクッ
あの売り子の
おばちゃんたち、
トイレって……
どうしてるのかなあ……?
●●●●
うーん……
秋田の七不思議のひとつ
だやなーっ

しっぱね

秋田では春から初秋まで、アイスの路上販売があちこちに出没します。

国道や県道沿い、はたまた地域の運動会やお祭りには**必ず、そう必ず**（大事なことなので二回言いました）出現します。

アイスのタンクと**カラフルな日よけパラソルが目印**です。

私は**てっきり全国でこのような光景が見られるものだろう**と、高校を卒業して県外に行くまで**頑《かたくな》に思っていた**のですが、実は**秋田と沖縄だけ**っていうのを知った時は本当にびっくりしました。

ちなみに沖縄では販売しているのは**中高生のお姉さんたち**のバイトが大半らしいです。

秋田はオバさんで構成されてるので、ちょっとこのアイスが**「似て非なるもの」**のような気がしてしょうがありません。

アイスの概要は、シャーベット状のピンク（イチゴ）と黄色（バナナ）の二色で構成され、値段は１５０円から２００円位です。

今回の４コママンガで謎とされてる疑問のほかにも疑問はいくつかあります。

一体いつの時間からその場所に来て、いつどうやって去って行くのか？　食事はどうしているのか？　**沖縄のように若い娘さんが売り子ではダメなのか？**　販売する女性の年齢制限とかあるのか？　アイスを盛りつける技術は資格とか必要なのか？　など興味は尽きません。

第30話

【違和感ありまくり】

おっはよー
あ、ユリちゃんおはよー
今日は宿題ちゃんとやってきた？
うん、昨日遅くまでかかってばっちりやってきたよっ！
ぐっ
え……な、何……？
まーあんな宿題なんてこの私にかかれば
楽勝でしょーー なんてネ♪
この……ユリちゃんの妙な言葉の違和感は……
秋田弁で喋らないユリちゃんなんてちがうッ！
あ、
だっ！

次につづきます。

ねぷかぎ

第31話【こっちまでも】

まだ続きます。

第32話
【勝率0パーセント】

むつける

まだ続きます。

第33話

【ささやかな抵抗】

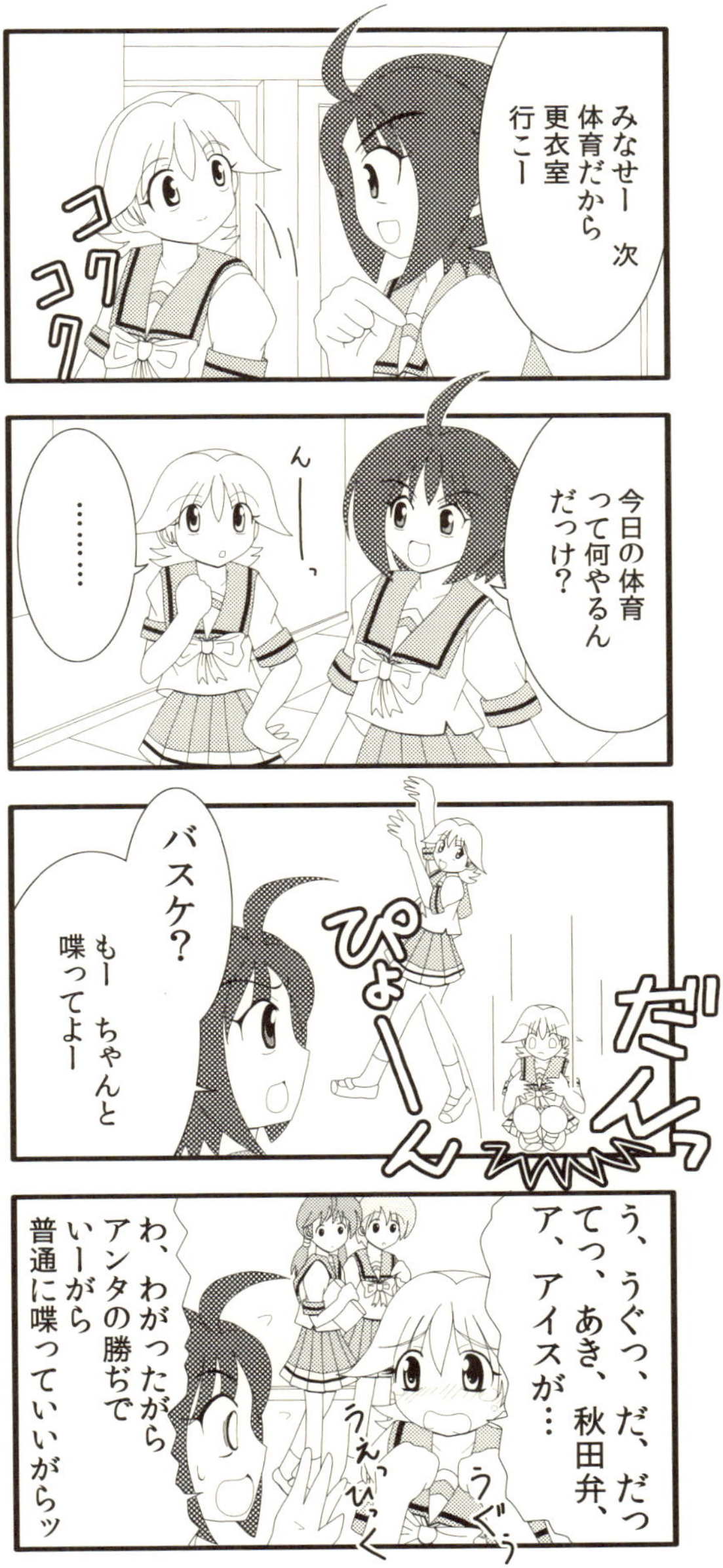

ハイ、四話続けて**「秋田弁を使わない」**お話でしたが、いかがでしたでしょうか?

みなせにしてみれば、廻りが秋田弁ではなく標準語を使ってくれればとても良いと思うのですが、実際そういった場面に突然遭遇《そうぐう》するとけっこうショックだったみたいです(笑)。

なんと言いますか、まるで別人と話してるような**違和感**と言いますか、他人行儀と言いますか、そんな気分を感じたみたいですね。

32話(66ページ)でユリが、

「今どき標準語出来ない若者がいるかっつーの」

と言ってますが、実際、現代で標準語をしゃべることが出来ない子どもというのは、ほとんど皆無だと思います。

それほどテレビの影響は大きいです。

私個人の経験としまして、テレビ世代で育ったど真ん中ですから標準語はテレビで自然と覚えました。

家族や友人との会話は方言、仕事や県外の方との会話は標準語、と使い分けることができます。

高校を出て、県外に行った時などは**「秋田なのに全然訛《なま》ってないよね」**とよく言われてました。

ええ、そうです、まあ、**気を付けてましたからね(笑)**。

しかしいくら気を付けていても、うっかり

方言が出てしまう時があるのです（笑）。

そのうっかり出てしまう方言をしゃべったら負け、というゲームをユリとミサトが実施していたわけなんですね。

これはけっこうおもしろいんですよ。やはりいざ、という時は素が出てしまうわけでして、つい、「じゃあ」を**「へば」**とか言ってしまうわけなんですよね。

今回のこのゲームに、かなり不利な条件で参戦したみなせですが、やはり迂闊《うかつ》にはしゃべれないとのことで、黙秘を続けるしか術《すべ》はなかったみたいです（笑）。

ユリもこれで「アイスは頂きー」と思っていたのでしょうが、どっこい泣く子には勝てませんね。

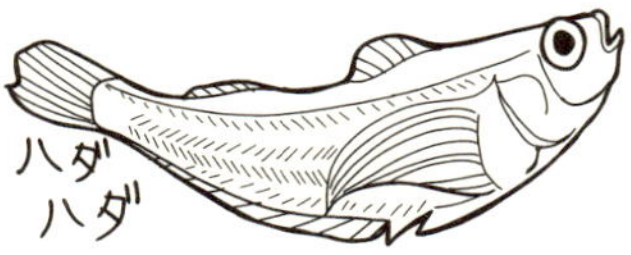

第34話

【でっけーとめんけー】

1コマ目の訳です。

秋田弁「ユリー、英語の教科書**貸してけれー**」

訳　「ユリー、英語の教科書**貸してちょうだいー**」

実は、別にこの会話は訳さなくてもいいかなあと思っていたのですが、「〜してけれー」(〜してください)というのは、思いっきり方言だったたんですよね(笑)。

いつも使ってるだけに何気ない言葉が方言だと気付いていないことは多々あることです。

2コマ目訳です。

秋田弁**「あいーっ　めんけーごどなー」**

訳　**「うわーっ　カワイイなー」**

個人的にこの「めんけー」という方言、とても好きです。

「めんこい」と意味が同じですが、口に出して言うとなんというか、とても柔らかく優しい感じがするんですよね。

今回、みなせさんは3コマ目で「めんけー」の意味を知り**「ゴロっとする」**(いい気になる)わけですが、実はちっちゃいことを可愛いといわれただけだったので(しかも小学生みたいとも言われ)、かなりへコんだようです。

まあ、こういう「実は自分は可愛いんですよー的うぬぼれやさん」はほっときましょう。

さて今回から新しいキャラクターが登場いたしました。**「井川わかみ」**さんです。

第35話

【あたしゃも少し……】

1コマ目の訳です。

「なんぼ」は**「いくら」**とか**「どれだけ」**という意味です。関西弁ではよく聞きますが、秋田でも使われます。北前船の寄港地として関西の方が多数行き来してたりしてましたので、それで定着した言葉だと思います。

秋田弁「わかみは**しったげ**デカすぎだやなー」

訳「わかみは**すごく**デカすぎだよねー」です。

「しったげ」とは「とても」という意味です。英語で言うと「ｖｅｒｙ」ですね。**「すこたま」**とか**「しこたま」**とか**「すったげ」**とかいったりもします。

こうして活字にするとあまりにも変に見えてしまって、**「ホントにこんな言葉を使うのか？」**と自信がなくなってきますが(笑)。

秋田県の子どもは全国平均で見て、体格が良いそうです。毎年地元ニュースや新聞で聞きますね。

確かに最近の子どもってホント背が高いですし、なにより足が長いような気がします。ホント**うらやましいです**。

身体をつくる元となるのはやはり食べ物ですし、基本となる地元の野菜や米、肉、魚が子どもたちにバランス良く供給されている結果だと思いたいですね。素晴らしい秋田の自然の豊かさと恵みの賜《たまもの》です。

第36話

【主食に主食のせ】

2コマ目の訳です。

秋田弁「あ――っ、もう**こでらいねぇなーッ**」

訳「あ――っ、もう**堪《こた》えられないなーッ**」(食べたくて)堪《たま》らないことです。

3コマ目訳です。

秋田弁「軽ぐ丼ぶり3杯は余裕で**はがいぐや**なー」

訳「軽く丼ぶり3杯は余裕で(ご飯が)**すすむ**よねー」

「はがいぐ」は「作業が捗《はかど》る」が語源のようですね。

ハイ、今回は秋田名物料理の代表格、**「きりたんぽ鍋」**です。お米で作った「きりたんぽ」をご飯のおかずに食べる……というのは皆さん、どうでしょうか?

私はきりたんぽ鍋の具材の鶏肉やゴボウ、スープでご飯を食べるのがスキなので、アリだと思います。きりたんぽ自体にスープが染みて、とても美味しい。県外の方が一番最初に挙げる秋田料理でもあるんですよね、きりたんぽ鍋って。でもどんな鍋なのか、食べたことや見たことのない人は、変な想像をしてたりしてます。北海道の友人が秋田に来た時、「きりたんぽ食べたいんだけど、**きりたんぽって何から出来てるの? ちくわ?**」と、聞かれて、びっくりした記憶があります。まあ、確かにぱっと見はちくわに見えなくもないですが(笑)。

第37話

【曲解】

ただいまー
あ 姉ちゃん お母さん帰り 遅くなるから 「晩ご飯ヨロシク」 だってさ
よし、じゃあ 今晩は「きりたんぽ」 にしようっ!
えー それって おいしいのー?
おれカレーがいいなー
ぱんっ
まあまあ、 なるせ聞いてよ 姉ちゃんの友達に よるとね こたえられない 美味しさ らしいのよー
マジでっ!?
ドーン
しかもご飯に のせて食べると 背が大きく なるんだってー
喰う!喰うよっおれ!
バーン

ながまる

前回、わかみの背が高いのは「きりたんぽ」によるものではなく、**人一倍食べる量**によって培われたものであった……、

ということを理解したみなせでしたが、やはり背が伸びる要因がなくとも、そういった話を聞くと**食べたくなる**わけです。

初登場の神宮寺みなせの弟、**「神宮寺なるせ（小5）」**がきりたんぽに、あんまり興味を示しませんでしたが、やはりそこは姉弟です。同じようなコンプレックスがあるわけで、みごとに姉の術中にハマってしまったもようです。

まあ、ウソも方便《ほうべん》ですね。

あ、なるせ君が「おれカレーがいいなー」と言ってるので思い出しました！

実は「カレー味のきりたんぽ鍋」というメニューをニュースで見たことがあったんですよ。その名も**「きりたんぽカレー鍋」!!**

「カレーうどん」や「カレー鍋」があるんだから、「きりたんぽカレー鍋」があったって不思議ではありません。

果たして味の方はどうなのか？　これは一度ぜひ食べてみたいものです。

そしてなんと**「きりたんぽキムチ鍋」**というのも調べたら出てきました。もうなんでもアリです。キムチの旨辛さと、そのスープがきりたんぽに染みてこれは美味そうです。

やはり、きりたんぽはお米から出来ているということで、**ご飯に合う料理にはほとんど合う**のではないかなあ。

第38話
【スギッチラヴ】

えーっと
長ネギと
ゴボウにセリ、
舞茸
……っと
あっ
あ、
コラなるせっ！
勝手にカゴに
入れるなー
ヒョイッ
まったく、もー……
!?
どーんっ
あーッ！
「スギッチまん」だー
なるせっ、
私の分もっ！
ぱあああ
スギッチには
弱いみなせで
あった
んめなが？

「スギッチまん」とは、比内地鶏スープで煮込んだきりたんぽ鍋の具材（まいたけ、ごぼう、鶏肉、長ネギ、糸こんにゃく）を、秋田県産の米粉を一割ほど練り込んだ生地で包んで蒸し上げた**中華まん**です。

決して**スギッチが中にまるごと入っているわけではない**ので、ご注意下さい。

さてお味の方ですが、発売当初に物珍しさで買って食べてみたわけなんですが、意外なことにすごい美味しかったです。

比内地鶏のスープの味がしっかり再現され、それをモチモチとした米粉の生地で包み込んで絶妙のハーモニーを奏でていたからです。

良い方に期待を裏切られました。

しかも歩きながらでも気軽に食べられますし、なにより**県外ではパっとしないスギッチの知名度もアップ**すること間違いなしと思いました。今のところ秋田県限定販売のようですが、これはもうちょっと販路を拡大しても面白いですよね。

姉妹品に**「きりたんぽまん」**もあります。これは、きりたんぽそのものが4分の1にカットされ、細長い生地の中に具材と一緒にきりたんぽそのものを入れたという**スゴイ発想**の商品です。

まさに炭水化物で炭水化物を包むってことを本気で商品にしてくれました。

第39話

【酒の郷】

あ
タツ子先生だー
タツ子先生
こんばんわー
あら
神宮寺さん
こんばんわ
先生は毎日
晩酌とか
するんですかー？
だい
ぎんじょう……？
ええ、秋田は
おいしいお酒の
郷ですからね
まあちょっとたしなむ
程度なんですけど
ちょ、ちょっと
たしなむ程度って……
こっ、このカゴの
お酒の本数は……
どんっ
だいたい一日五合
くらいしか
飲みませんから
そんなに
酒豪ではないんですよ？

ばがしゃべすなーっ

久びさの、みなせたちの担任教師、琴丘タツ子先生の登場です。

私の個人的な思いかもしれませんが、私の知ってる秋田の女性はホント皆さん**お酒が強い**です。まあ、**毎日五合飲んでる方はいるとは思えませんが（笑）**。

確かに「秋田出身だというだけで無条件で酒が強い」というイメージがかなり根強くありますよね。いったいどれだけ過去の秋田県人が、**ムチャな酒の呑み方を全国に披露して来たのか……（笑）**。

イヤ、下戸の方にしてみれば笑うトコじゃないですよね。

そう思うと、もうちょっと何とかして欲しかったというのが現代に生きる**我々からのメッセージ**です。

秋田県人だから酒が強いというのは迷信なんですけど、それでも**イメージというのはなかなか拭《ぬぐ》えないわけでして……**。

秋田県は「東北での成人一人当たりの酒類消費量が、**42年間連続一位**」という記録を持っています。

まあ、確かに自分の廻りを見渡せば、ちっちゃいころから大人は酒飲みばっかりでしたし、大人になった今でも廻りは酒飲みばかりです（笑）。

こうなったらもうずーっと**東北の王者**に君臨していてもらいたいものですね。

第40話

【秋田美人】

← 続きます

第41話

【苦悩の秋田美人】

県外の友人が秋田に遊びに来て、**「秋田はやっぱり美人がマジで多いよなー」**と、言っているのをよく耳にします。

「どんなトコを見て美人だと思う?」と聞き返すと、**「肌が白い」**「背が高くてモデルっぽい」「髪がキレイ」などと具体的です。

「秋田美人」という言葉は全国的に有名です。実際、秋田出身の女優や歌手、モデルは秋田出身ということをよくアピールしています。**秋田美人ブランド**に拍車を掛けているんですね。

ただ、あまり美人ではないというか、普通の容姿の秋田出身の女性が県外に就職や進学で出て行って、挨拶する時「秋田出身です」と言うと、**心ない輩《やから》**が「秋田出身なのに、秋田美人じゃない」ウンヌンと絶対言ってると思います。その言葉に幾人の秋田の女性が傷ついていたことか……。

私は高校卒業後、茨城県の方に移ったのですが、ここで興味深い秋田美人にまつわる話を聞きました。「秋田に美人が多いのは、昔、常陸の殿様だった佐竹義宣が減封の上で秋田に国替えを命じられて、**領内の美人を秋田に全員連れていったからだ**」というのです。「だから茨城は美人が少なくなったんだ、**すぐに返してくれ!**」と。

とんでもない話ですが、秋田美人という言葉は他県の方からかなり**うらやましがられて**いるんですよね。

第42話

【夏場はお休み】

ける

1コマ目訳です。

秋田弁**「んたよーっ、**毎日毎日、たまには（宿題）自分で**やってけやー」**

訳**「やだよーっ、**毎日毎日、たまには自分で（宿題）**やってきなさいよー」**です。

「んた」は「んか」とも言いますね。

さて今回のネタ**「あじまん」**ですが、私もユリと同じく、てっきり秋田県だけの販売かとずっと思っていました。

なぜなら、県内いたるところのスーパーやホームセンターの敷地内で、小さい建物を構えて販売してるからなんですよね。

たいていは、冬期だけ（10月〜3月）の営業で、売っている商品はあじまんという大判焼きと「たこポン」というタコ焼きです。

このあじまんが季節限定とか地域限定とかでイロイロ、バリエーションがありまして、楽しませてくれます。

「レアチーズ」とか**「プリン」**とか**「塩キャラメル」**とか、アイディア豊富です。

実はあじまんの本社「あじまん本舗」は山形県の天童市にあります。

サイトを見てみると秋田県では**1994年に営業を開始**したのこと。

さて、食べ物のお話になりますと思い出したように隣りのクラスから**「井川わかみさん」が呼びもしないのにやって来ます。**

彼女は食べ物ネタキャラですので、まあ、今後ともどうぞよろしくお願い致します(笑)。

第43話

【首都圏の認識】

私 実はこっちに
来る前は「秋田」って
東北のドコに
あるのか全然
わかんなかったんだー
エへへ♡
あー んだやなー
私も東北以外は
あいまい
だもんなー
この
ばがけーッ!
ラリアットーッ
東北の最重要県
「秋田」の位置を
知らねがったとは
言語道断ッ!
カッ
じゃあ
ユリちゃんは
関東の1都6県
全部知ってる?
げほっ
げほっ
ハッ! そったの知らねッ
ディズニーランドも
幕張メッセも成田空港も
みーんな「東京」だッ!
え…?
あい〜
しかたねー
バーーンッ

じょっぱり
フン

自分の住んでる地域以外、あんまり地理的に詳しくないって方はけっこう多いような気がします。え？　ひょっとして私だけでしょうか？（汗）。

「北海道、東北、関東」あたりまでは場所と地名をだいたい理解しているのですが、西日本になると曖昧《あいまい》なんですよね。

「秋田って東北のどのあたりかわがんねーっぺよ」

と、むかし関東地方の友人がチバラギ弁バリバリで言った時、軽いショックを覚えました。でも言われてみれば、私も当時は自分の住んでた近辺しか詳しくなかったので、おあいこでしたね。

地名が入ってない日本地図を広げて、

「47都道府県名をすべて記入せよ」

という問題を出すと、たいていの方が自分の住んでる近辺と北海道、沖縄しか記入できないと思います。

そんなことを考えながら描いた今回の4コママンガですが、オチのユリの言葉は地方在住者の都会に対するひとつの認識ですよね。

「東京」といえば「人が多すぎる」、「電車なんて何線がどこを走ってるかなんてさっぱり」、**「千葉にあるのに『東京ナントカ』ってのはこれ如何に？」**

つまり雑多な首都圏一帯を一括《ひとくく》りにしてまとめて「東京」と認識している方が多いんじゃないかなあ、と。

え？　私だけですか？（汗）。

第44話

【おじゃましまーす】

ひやみこぎ

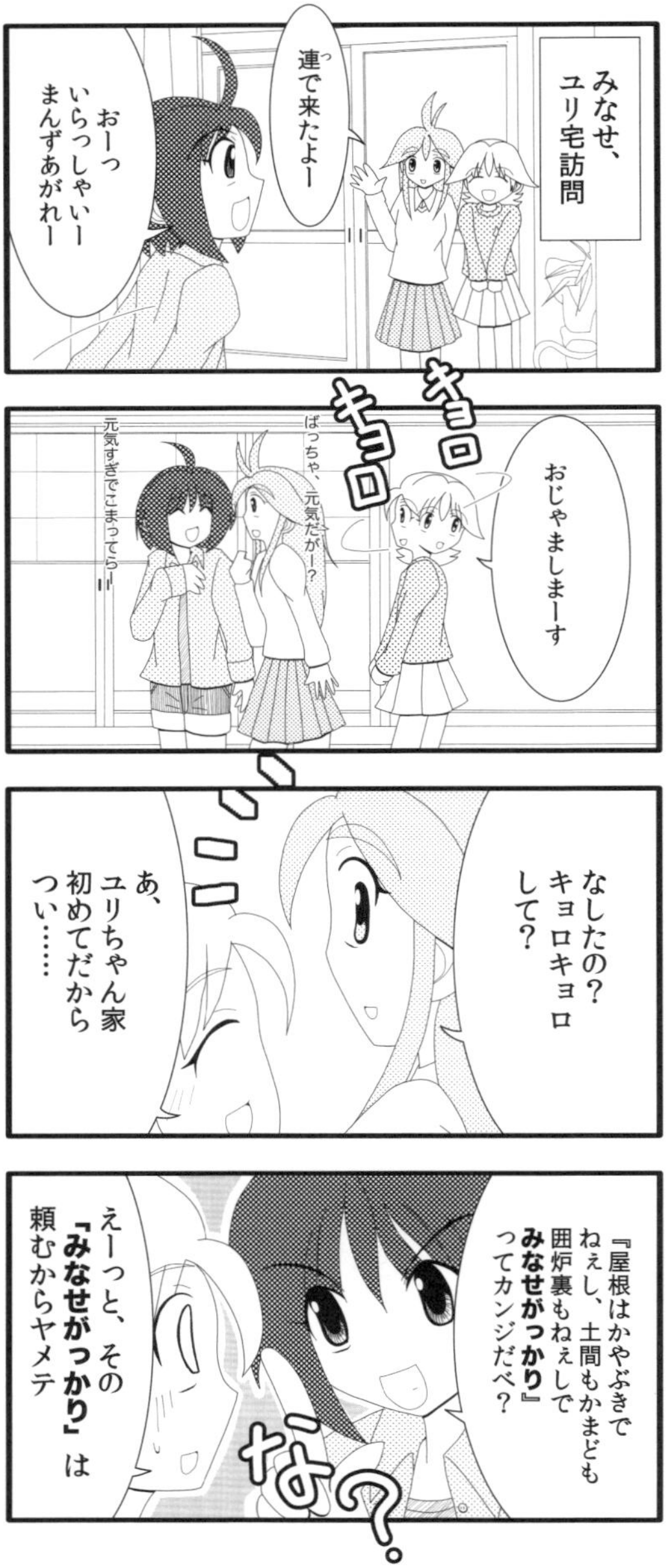

みなせ、ユリ宅訪問
連《っ》で来たよー
おーっ いらっしゃいー まんずあがれー
キョロ
キョロ
おじゃましまーす
ばっちゃ、元気だがー？
元気すぎでこまってらー
なしたの？ キョロキョロ して？
あ、ユリちゃん家 初めてだから つい……
『屋根はかやぶきで ねぇし、土間もかまども 囲炉裏もねぇしで **みなせがっかり**』 ってカンジだべ？
なっ？
えーっと、その **「みなせがっかり」** は 頼むからヤメテ

かーさーん ケータイ 取って～

1コマ目訳です。

秋田弁**「連《つ》できたよー」**
訳　**「連れて来たよー」**

「つぇできた」とか**「つぃできた」**とかも言いますよね。この**微妙なニュアンス**がまた方言っぽくってたまりません。

秋田弁**「まんずあがれー」**
訳　**「まぁ、あがってー」**

しかし、ホント、ユリってば**被害妄想強いからなー**って言うカンジですよね。

「都会人は田舎者をバカにしてる」という心理を心の奥底で持っているがために、自分のホームグラウンドで**「先手を打って都会人を小馬鹿にしたい」**という、田舎《いなか》者《もの》の心理が**無意識のうち**に働いているのでしょう（笑）。

私自身、観光展示用とかの囲炉裏《いろり》は見たことはありますが、やはりリアルな**生活感ただよう**囲炉裏は見たことないです。

あ、かまどは見たことあります、それとマキ風呂も体験したことあったりします。あのマキの焼ける匂いがとても良いですよね。

でも、マキを常に確保していなければいけないし、乾燥していなければ燃えないしで維持が大変そうなので、実生活で使うとなるとやはり手間が掛かります。

そう言う意味では、

みなせがっかりです（笑）。

第45話【お部屋訪問】

こごまる

「ながめれー」は「眺めれー」ではなく**「長める」**、つまり、**長める＝伸ばすという意味**です。
　つまり、**「正座なんかしないで、足を伸ばして楽に座ってね」**ですね。
　よその家に客として訪問した時とかは、やはり最初は正座しますが、この言葉をかけられるとホントほっとしますよね。

正座が苦手なだけに（笑）。

　ちなみにおなじような言葉で**「ながまれ」**というのもあります。
　これは**「身体を伸ばしてながながと横になって寝そべって下さい」**という意味なのですが、やはり初めて聞いただけでは意味が通じませんよね。

「名が稀《まれ》？　イヤ、私の名前はそんなに珍しくはないですよ？」
　とみごとにボケていただけたら**本望**なのですが（笑）。

第46話

【語尾っこ】

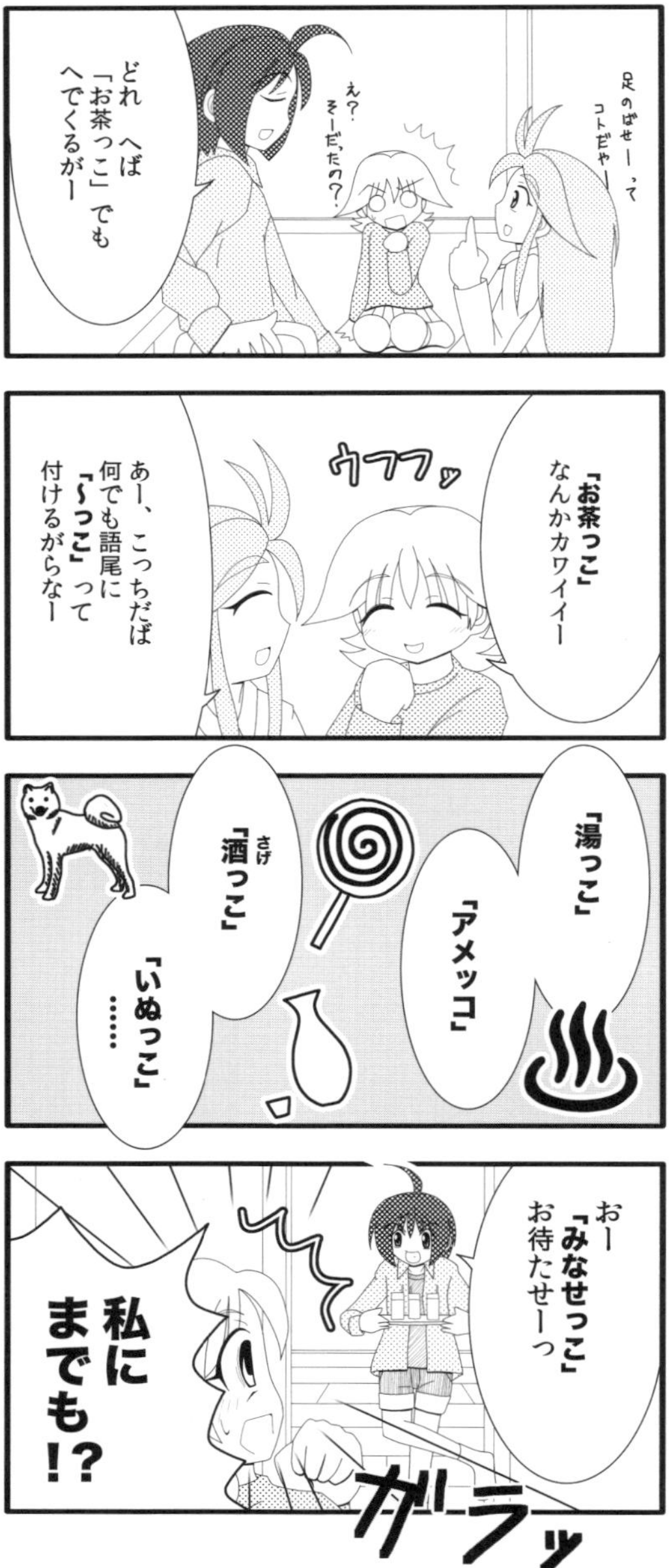

めんけがる

1コマ目の訳です。

秋田弁**「どれ、へば「お茶っこ」でもへでくるがー」**

訳**「さて、じゃあお茶でもいれてこようかなー」**

「いれる」が「へえる」に、そして「へる」というカンジに変化したのでしょうか。

さて、このなんでも語尾に「〜っこ」を付けるというのは秋田県独特のものだと思います。でも、「〜っこ」をつけるとホント柔らかくあったかく、そして**優しいカンジ**に言葉が変化するんですよね。

秋田のお祭りでは「アメッコ市」(大館市)、「犬っこまつり」、「小安峡シガッコ祭り」(湯沢市)に「〜っこ」がついてとても親しみやすいイメージを抱かせてくれます。

特に「シガッコ」の(シガ=氷)に「〜っこ」をつけるなんて……。**氷の祭りがとてもあたたかく感じられ**て良いですよね。

たいてい、ほとんどのことばに付けても秋田では違和感なくまかり通ります。その使用範囲は実に自由でゆるいです。

今回のネタ「〜っこ」を描きながら、ふと思い浮かんだ童謡がありました。

その童謡とはそうです、**「どじょっこふなっこ」**です。

タイトルからして「〜っこ」が付いてますし、歌詞は「〜っこ」のついたことばの**オンパレード**です。

第47話

【秋田犬】

わんわんっ〜
あれ？ユリちゃん家って犬飼ってるの？
んー一応「秋田犬」の血統を引いでるらしいなー
ズコーーー
「秋田犬」ってあの渋谷駅前の忠犬ハチ公の？わあーっ、見たい見たいーっ！
へば、裏庭さ行ってみるがー？
ぱあああっ
秋田犬かぁー たのしみだなぁ さすがは秋田県 本場はちがうよね♪
きっとハチ公みたいに賢くってかわいいんだろうなー
るんるんっ
コイツが四代目秋田犬雑種のサタケだ
めんけーべ？
ハッハッハッ
ずーーん
あ！「みなせがっかり」だー

ごめんしてけれっ

「秋田犬」といえば全国的に有名なのが**「忠犬ハチ公」**ですね。

帰らぬ主人を毎日、渋谷駅前で待ち続け、その一途《いちず》な姿が人々に感動を与えたといわれる忠犬です。

秋田犬のイメージは飼い主に従順で賢く、大型犬で耳が立っており尻尾がくるりと巻いている、というのが浮かびます。

キャラクター的にも秋田県はもとより、多くの企業で**マスコットキャラクター**としてよく使われていますね。

近所に犬を飼っている方はたくさんいらっしゃるのですが、小型犬がほとんどで稀《まれ》に中型犬を見かけるだけで、秋田犬のような大型犬には出会うことはほとんどないのは私だけでしょうか。

やはり大型犬ですからお世話をするのも大変でしょう。飼うにはそれに見合った環境も必要になります。

今回の４コママンガでみなせさんはすっごい期待をして、ハチ公のような秋田犬と「ハグ」できると楽しみにしていたようです。ですが、ユリに言わせると「秋田犬の血統を引いてる**らしい**」というだけで、秋田犬の面影が微塵《みじん》もない雑種に会わされて、とてもがっかりだったというのがオチです。

第48話

【私はポン酢で】

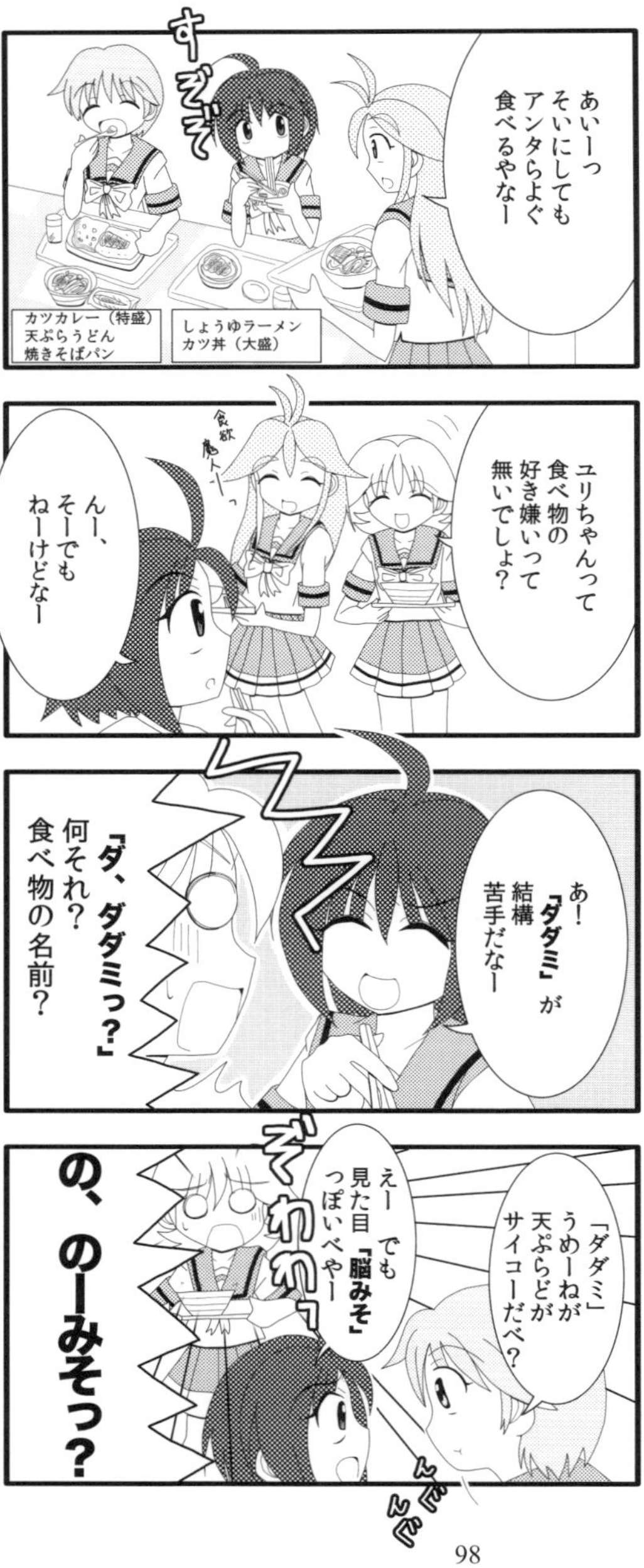
あいーっ そいにしても アンタらよぐ 食べるやなー
すぞぞ
カツカレー（特盛） 天ぷらうどん 焼きそばパン
しょうゆラーメン カツ丼（大盛）
ユリちゃんって 食べ物の 好き嫌いって 無いでしょ？
食欲魔人ーっ
んー、 そーでも ねーけどなー
あ！ 「ダダミ」が 結構 苦手だなー
「ダ、ダダミっ？」 何それ？ 食べ物の名前？
「ダダミ」 うめーねが 天ぷらどが サイコーだべ？
えー でも 見た目「脳みそ」 っぽいべやー
ぞわわっ
の、のーみそっ？
んぐんぐ

がっこ
ぽりぽり

「ダダミ」とは真鱈《まだら》の白子《しらこ》のことです。

冬場、鱈鍋とかに入れたり、おすいものや天ぷらにしたりすると美味です。

しかし、見た目はとても**グロい**です（笑）、まんま、**のーみそ**です（汗）。

子どもの時初めて見て、その見た目だけで深いダメージを受けまして、すっごい**げんなりした**記憶があります。

子どものころはどうしても食べられなかったのですが、大人になると何の抵抗もなしに食べられるのは、どうしてでしょう？

もう、心が**ピュアではなくなっている証《あかし》**なのでしょうか（笑）。

それにしてもこのダダミという名称、いったいどういう由来で名付けられたのかホント疑問ですよね。

ウルトラマンに出てくる**「三面怪獣ダダ」**を彷彿《ほうふつ》とさせるその名称には、かなりのインパクトを受けます。

「ダダ」の女性版か？　だからダダミか？とか知らない方は妄想されそうですね。

けっきょく、イロイロ調べてみましたが、確固たる理由は残念ながら見つけることができませんでした。

秋田以外では山形の一部や新潟、石川でもダダミと呼ばれているようです。

日本海側の北日本各地の共通の名称なんでしょうね。

第49話

【秋田音頭です、ハイ】

秋田名物
八森ハタハタ……
男鹿で……
男鹿ブリ…コ……
ユリちゃん
「ブリコ」ってなに？
んー
ブリコ？
チュゴゴゴ
ブリコって
ゆーのわなー
ハダハダの
たまごのごど
なんだやー
あっはははっ
いっつもブリブリ
ブリっ子してる
みなせのごどでねーがら
気にすんなー
えっ、ちょっ
わ、私そんなに
ブリブリしてるっ？
ガーン

はらつぇ

ユリが「ハダハダ」と言っておりますが、**誤植ではありません**。秋田県人は**ハダハダ**と言います。

冬の産卵期になると、海岸線がハタハタの**ブリコで溢れかえって**えらいことになってたりします。

遠目に見ると、同じ散乱でも果物のライチが散乱してるように見えなくもないです。

「ハタハタ」は秋田県の県魚です。漢字で書くと「鰰」、魚偏に神と書きます。

これは雷がよく鳴る11月の終わりごろに獲れ始めるので、それゆえ、別名カミナリウオとも呼ばれているんですね。

ハタハタはやはりブリコが美味しいですね。鍋でも焼き物にしてもその食感は数ある魚卵の中でも独特な食感です。

1コマ目でみなせさんが口ずさんでいるのは**「秋田音頭」**です。秋田を代表する民謡ですね。

秋田名物が歌詞にちりばめられておりまして、秋田を知るにはとても参考になります。**でもなぜか歌詞は県北ネタが多く、県南が冷遇されてる感があります。**

曲調は今流行《はや》りの**ラップ調にも聴こえる**んですが（笑）、現代風にアレンジしてもおもしろそうです。

と思って調べてみたら、**「ロック秋田音頭」**というのがありました（笑）。むー、これはちょっと聴いてみたいですね。

第50話【学力のはなし】

さっとこ

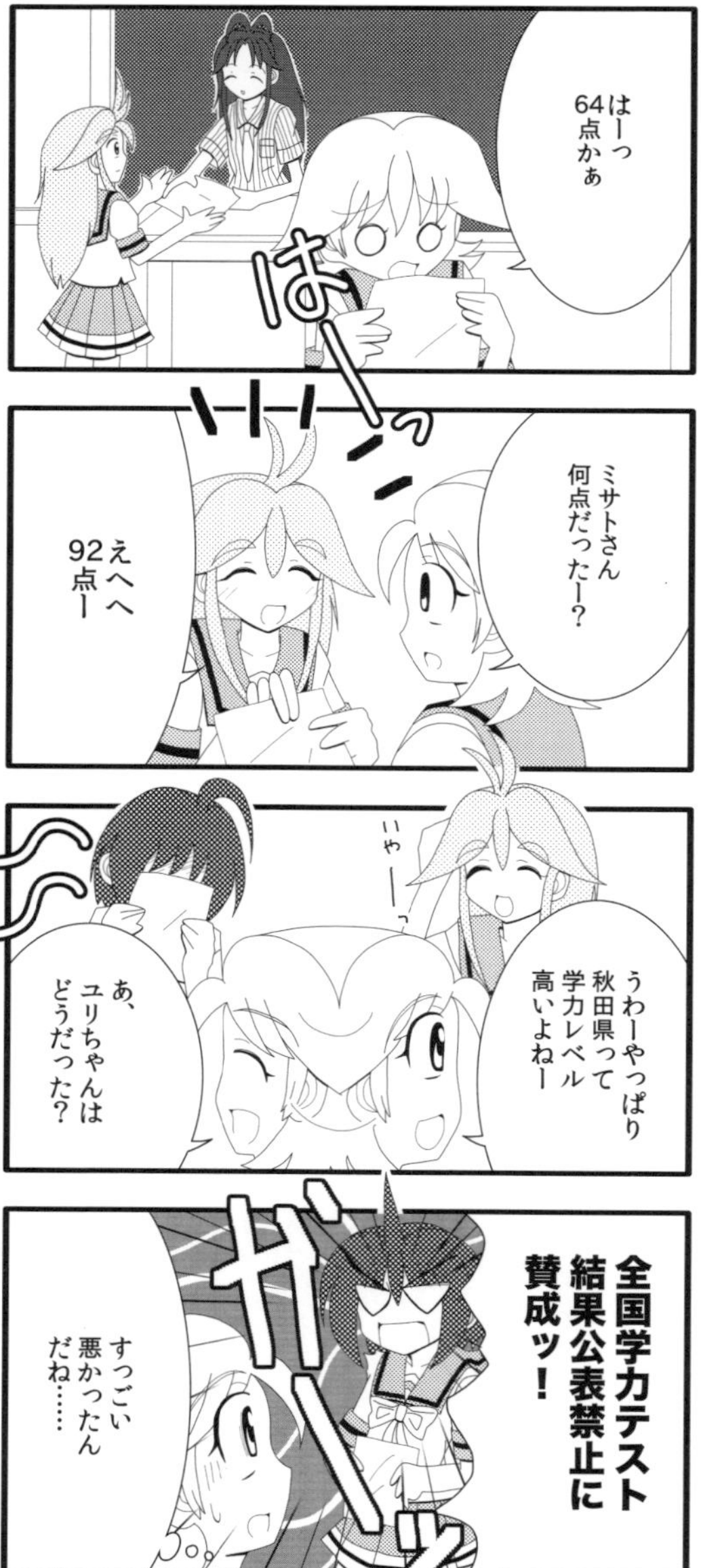

2007~2009年に実施された全国学力テストの結果、秋田県の小中学生の正答率の平均は**3年連続で全国1位**でした。

これはホント、スゴイです。胸を張って威《い》張《ば》れることですよね。

理由はいろいろあると思いますが、やはり秋田県の学校の教育現場が今までしっかりとがんばった結果が、このような目に見える形で現れたのでしょう。

こうしてちゃんと結果が出るのですから、それに関わった先生や生徒たちも、とてもやりがいがあると思うのです。

さて、今回の4コママンガで各キャラクターの学力がほぼお判りかと思います（笑）。ミサトが上、みなせが中の中、ユリは……。

まあ、**勉強だけが学生生活ではないですよ**、ええ、勉強だけやればいいってもんでもないですよ、ね。

世の中には勉強以外にもっと大切なことがたんまりあります。ええ、社会に出ると**そっちのほうが大事**ですよ。

それにしましても、秋田県の子どもたちは体格調査でも上位ですし、勉強でも全国上位とはホントすごいですよね。

こういった素晴らしい未来を担う子どもたちがたくさん居るのに、優秀な子どもたちが高校を卒業すると県外へと流出して行きます。

これはホントもったいないことです。なんとかならないものでしょうか……。

第51話

【こわいもの】

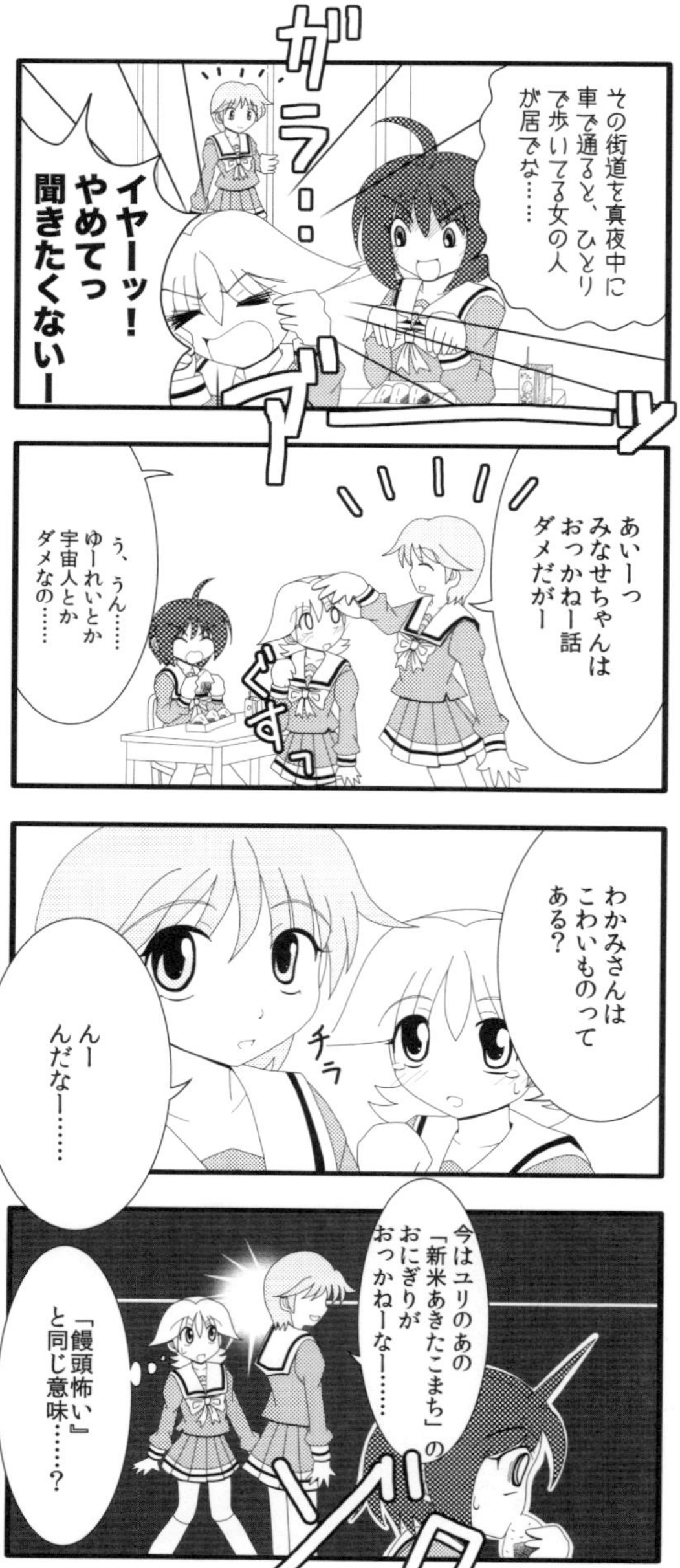
ガラ…
その街道を真夜中に車で通ると、ひとりで歩いてる女の人が居でな……
イヤーッ！やめてっ聞きたくないー
ダーーッ
あいーっ みなせちゃんは おっかねー話 ダメだがー
う、うん…… ゆーれいとか 宇宙人とか ダメなの……
ぐすっ
わかみさんは こわいものって ある？
チラ
んー んだなー……
今はユリのあの 「新米あきたこまち」の おにぎりが おっかねーな……
「饅頭怖い』 と同じ意味……？
ビク

じぐなし
コワイコワイー
ヤダー

実は秋田は**恐怖スポット**がなにげに多かったりします。

このネタを描くために**秋田の恐怖話**をいろいろと調べたのですが、圧倒的に**男鹿**が多いんですよね。判る気がしますが……。

眠れなくなるのであまり調べたくなかったのですが、ついつい読んでしまって……。

いい歳して、「ああああーッ、夜トイレに行けないッ！」、てなカンジですよー（汗）。

あ、宇宙人も怖いですよね。小学生低学年くらいの時、近所の空き地で**ゲイラカイト**（西洋凧）を揚げて遊んでいたのですが、突然、何か飛行機とも**なんとも言えない物体**が上空に見えまして、**消えたり現れたり**を繰り返していたんです。

それを見た時、絶対、中には**宇宙人が乗っていて**、自分たちを観察してて後で絶対**さらいに来るんだー**と、とても怖い思いをしたことがあって、それ以来、宇宙人ときくだけで怖いです。けれども、テレビで「宇宙人は実在したッ！」とかの番組を放送すると**必ず見ます（笑）**。

あ、そういえば、男鹿半島は有名なＵＦＯ目撃スポットでしたね……。

今回のオチは落語の「**饅頭《まんじゅう》怖い**」をベースに考えたのですが、わかみさんにおにぎりを**ロックオン**されたユリのほうが怖い思いをしたようですね（笑）。

第52話

【なまはげデリバリー】

３コマ目の訳

秋田弁「泣ぐ子を**ごしゃぐ**のは、なまはげが来たぐれーで泣ぐ、**弱ぇ心をごしゃいでらんだ**」

訳「泣く子を**怒るのは**、なまはげが来たくらいで泣く、**弱い心を怒っているんだ**」

４コマ目の訳

秋田弁「神宮寺、**おめ**もすぐ**泣ぐってが？　へば、なまはげさごしゃいでもらうが？**　知り合いになまはげ居るがら**すぐ呼ばるや？**」

訳「神宮寺、**おまえ**もすぐ**泣くのか？　じゃあ、なまはげに怒ってもらうか？**　知り合いになまはげが居るからすぐに呼べるぞ？」

まあ、実際になまはげに怒られると、**大人でも泣きそうになりますからね**。

子どもだと泣かないワケがないです。

新登場した理科教師、**「矢島にかほ先生」**もムチャを言ってくれます。

にかほ先生の特徴は……そうですね、秋田弁バリバリッコです（笑）。

私としては、こういう風に**クールに秋田弁を喋《しゃべ》る女性はカッコいいと思う**のです。

ええ、居たら確実に**惚れますね**。

第53話【その、誇り高き血統】

にかほ先生って知り合いさなまはげ居るのー？
ひょいっ
んー、いどごが男鹿さ居でなそいでなー
ぱたん
ちなみにじっちゃが阿仁でマタギをやってらったし、
かっちゃは現役でババヘラ売ってるなー
おおーーっ
すげーなー身内に秋田名物満載だやなー
そいで極めつけはなーちよ、こっちゃ来《け》
ちょいちょい
実は兄貴が超神ネ○ガーやってだりするのはここだけの内緒だや？
マジで？
うっ嘘だッ役者が揃いすぎてるよーーーッ！

じぇんこ

この４コマはフィクションです。

第54話
【かちんっ☆】

にかほ先生は何か秋田名物になる予定ねーのー？
んー 実は毎年県知事から「ミスあきたこまち」になってけれって言われるんだやなー
えーっ そいだば うそだべー
まぁ こいは ばしだどもな
ですよねー あー びっくりしたー
あははは っ
ピクッ
・・・ですよねー・・・？
やっぱり神宮寺には なまはげデリバリー さねばねーなー
ピピピッピ
す、すみませんっ すみませんっ デリバリーしないでくださいッ！

何したど？

えー、この4コマはフィクションですので、「にかほ先生」のような秋田名物が親戚に多数居る方は存在しないと思われます。

でも居たらいいなあ、と思いましてこんなネタを描いてみました。

マタギは県の北部の北秋田市、なまはげは中央部の男鹿市、ネイガーは南部のにかほ市、路上アイス販売は県内全域と、**まさに県内を網羅する一族のようで**、こう考えてみるとスゴイです。

さてそんなにかほ先生、「毎年県知事から『ミスあきたこまち』になって欲しいと懇願されてる」と**ばしこいで**（ウソをついて）ます。

実際、**ミスあきたこまち**を募集して決めるのは「JA全農あきた」ですので、**知事は関係ない**んですよね。

そのミスあきたこまちですが、毎年7名の方が新たに誕生しています。

ちょっと多すぎるような気もしますが（汗）。

やはりそこは秋田美人の代表として、いろいろとキャンペーン活動していただくのですが、ぜひとも力を合わせて秋田のお米をアピールしていただきたいですね。

このほかにも、「秋田観光コンベンション協会」が主催する「あきた観光レディー」や「秋田園芸戦略対策協議会」主催の「ミスフレッシュ秋田」と、秋田県のご当地キャンペーンガールのコンテストなどがあります。

美人どころで有名な秋田県ですから、個人的にはニュースで取り上げて終わり、ではなく、もうちょっと活躍の場をテレビとかで映してほしいですね。

せっかく選ばれた方々ですので、もっと前面に出て目立ってほしいものです。

それにしても今回みなせはみごとに地雷を踏んでしまったようですね。

「自分で言う分には良いが、**他人に言われるとすごい腹が立つ**」

という自分勝手な一面を披露したようで、ホント困ったものです（笑）。

第55話【いざ　かまくら】

はばげる

第56話

【認定テスト】

ぴこ　ぴこ
アンタ　まだ
秋田県人に
なりきれでねーなー
あーん？
だ、だって突然
「かまくら」って
言われたら……
「鎌倉」を……
そんたごどだば
ダメだーーーッ！
ええええっ？
ドーン
今がらみなせが
秋田をどんだげ
知ってるがテスト
させでもらうっ！
テッ、テストー？
ちなみにあまりにも
結果がダメだば
にかほ先生さ言って
「なまはげ召還」して
もらうがらなー
ちょっ、
えええーーっ？
ガビーン

この肉
しねぇ

第57話【定型文】

へば 第一問 じゃじゃじゃじゃんっ!
なに その効果音?!
ばーんっ
ニジュウハチコ
……
タベマシタッ!
ちっ、正解ー
簡単過ぎだがー
なんだー こんなんだったら 楽勝だよ
ぴょん

ごろっとする
にへへー

第58話

【必死の抵抗】

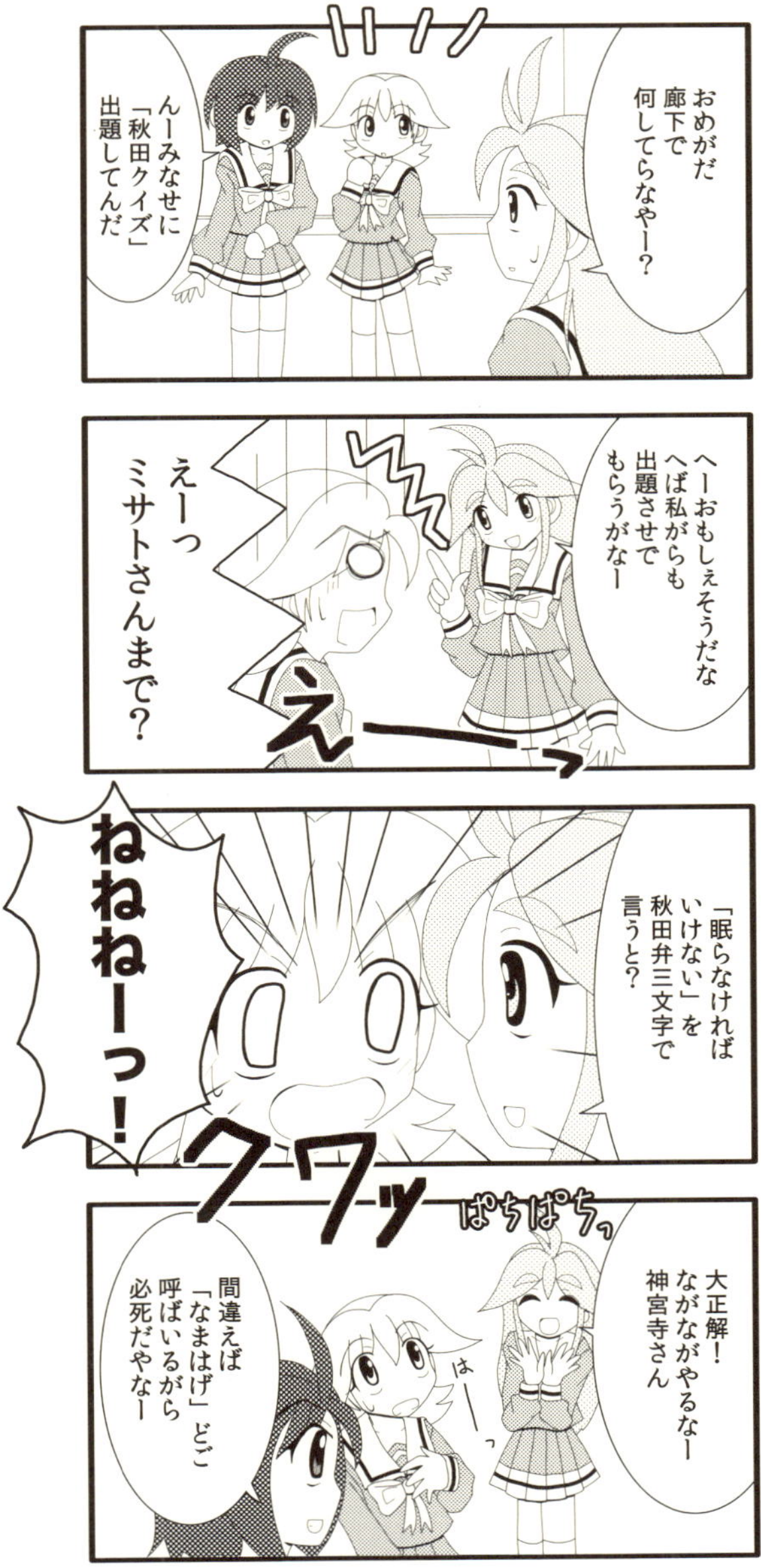
おめがだ 廊下で 何してらなやー?
んーみなせに「秋田クイズ」出題してんだ
へーおもしぇそうだな へば私がらも 出題させで もらうがなー
えーっ ミサトさんまで?
えーーーっ
「眠らなければいけない」を 秋田弁三文字で 言うと?
ねねねーっ!
クワッ
ぱちぱちっ
大正解! ながながやるなー 神宮寺さん
はーーっ
間違えば「なまはげ」どご 呼ばいるから 必死だやなー

かます
ぐるぐる

第59話【B級グルメ】

みなせちゃん 私がらも 問題出すやー
もぐもぐっ
ビクッ
隣りのクラスの わかみさん までもッ？
B級グルメ 「横手やきそば」の 特徴でもある トッピングをふたっつ 言ってみれー？
んーっとぉ…
目玉焼きと…… ……福神漬け だったかなぁ？
んだ 正解正解ー
見事正解だったがら 後で「ダダミ」の 刺身を一緒に 食べに行ぐが？
そ、 それはちょっと ……
ぐっ！

よいでねー

第60話
【早口ことば？】

神宮寺さん
そう言うわけで
私からもひとつ
いきましょうか
タツ子先生
までですかッ？
ばッ！
「しゃべればしゃべったどって
しゃべらいるし
しゃべねばしゃべねどって
しゃべらいるし
しゃべねでしゃべらいるより
しゃべってしゃべらいだ
ほがいでば」って言って下さい
キターーッ
しゃっ、しゃべれば
しゃべっッつ……
たどって　しゃっ
しゃべら……いるし
しゃべねば、しゃべ
ねどって
しゃ　しゃ、べらいる
しゃ、しゃべねでーー
ぱく　ぱくっ
じゅ、充分ですよ……
神宮寺さん
よくがんばりましたね
ううう……
ふー
助かったー
先生
甘ぇやー

ねまれ♡

第61話

【おとしあな】

思ったより
ながながやるねが
みなせ……
ちっ
いぇーーい
私としては
もーっと
難しいのでも
ぜんっぜん
構わないん
だけどねーっ
ビシッ
何したど？
ふん
その余裕も
今のうちだや……
ニヤ。。
え
にかほ先生
よろしくお願い
します
まめでらが？

まがす
つるっ

第62話
【忍び寄る影】

神宮寺 だいぶ いっきなってらなー へば 私も 本気出すが……
の、望むところですっ！
実はこったごども あろうかと そごさ「なまはげ」待機させでらんだー
サァーーーッ
ちょっと、それは ヒドいですよっ ズルイですッ！
なーに 問題さ答えれば 何もさねがら
だーーっ
へば 問題行ぐやー？
ううっ…… 壁の向こうから ものすごい プレッシャーを 感じるよ……
ドド
ド
ド

まめでだが？

第63話

【好きとか嫌いとか】

第64話

【泣いてませんよ！】

収載方言索引（五十音順）

【あ】

あいーっ（あら）
あいしか（あら困った）
あっこ（あそこ）
あっちい（暑い）
あどは（あとは）
あねこ（若い女性・娘）
あべ（行こう）
あや（ああ）

【い】

いーがら（良いから）
いがったぁーっ（良かったー）
いがねが（行かないか）
いっきなる（いい気になる）
言ってら（言ってる）
いぐ（行く）
いっぺ（たくさん）
いでける（居てくれる）
いねがー（居ないかー）
いるどぎ（居るとき）
いろんた（いろんな）

【う】

うだでー（不快だ）
うめーねが（うまいよ）
うるうるで（目がちらちらする）
うるだぐ（うろたえる）
うんにゃ（いいえ）

【え】

え（家）
えでける（居てくれる）
えふりこぎ（見栄っ張り）
えるどぎ（居るとき）

【お】

おい（私・俺）
おがし（おかしい）
おがだーっ（あんまりだ）
おだる（折る）
おっかねー（怖えー）
おべだふり（知ったかぶり）
おぼでーっ（重たい）
おめ（あなた）
おもしぇ（おもしろい）

【か】

かちゃましい（うるさい・騒々しい）
がっこ（漬物）
かっちゃ（お母さん）
かっちゃぐ（引っ掻く）
かます（かき混ぜる）
〜がら（〜から）

【け】

け（食べろ・来い・来る・かゆい）
ける（やる・くれる）
けれ（ください・ちょうだい）

【こ】

こえぇーっ（疲れた）
こごまる（かがむ）
こじける（いじける）
ごしゃがいだ（怒られた）
ごしゃぐ（怒る）
こっちゃ（こっち）
こでらいねー（最高だー！・堪えられない）
ごど（こと）
ごめんしてけれっ（許してください）
ごろっとする（おだてにのる・いい気になる）

【さ】

～さ（～へ）
さいっ（しまった）
さっとこ（ちょっと・少し）
さね（しない）
さねば（しなければ）

【し】

じぇんこ（お金）
しが・しがっこ（つらら）
じぐなし（意気地なし）
しこたま（すごく）
しったげ（すごく）
したっけな（そしたらね）
しっぱね（泥はね）
してけれ（してください）
してみれ（してみなさい）
しねぇ((この肉)噛み切れない)
しょしー（恥ずかしい）
じょっぱり（意地っ張り）
しょねわり（性根が悪い）

【す】

すが（つらら）
すぐね（少ない）
すこたま（すごく）
すっげー（すごく）
すったげ（すごく）
すったごど（そんなこと）

【せ】

せば（そうすれば）

【そ】

そい（それ）
そいどご（それを）
そいだげ（それだけ）
そいにしても（それにしても）
それだば（それなら）
そごさ（そこに）
そさ（そこに）
そったの（そんなの）
そーでもねー（そうでもない）

【た】

だがら（だから）
ダダミ（真鱈の白子）
～だぢ（～たち）
～だば（だったら）
～だべ（～でしょう）
だやな（だよね）
だり（たり）
たろんぺ（つらら）
だんだ（だった）

【ち】

ちっちぇー（小さい）
ちゃっけーっ（小さい）
ちぃできた（連れてきた）

【つ】

つぇできた（連れてきた）
つできた（連れてきた）

【て】

てば（そうすれば）
でら（ている）

【と】

とがだば（とかだと）
どぎ（時）
とじぇねぇ（さびしい）
とっちゃ（お父さん）
どでした（びっくりした）
どご（とこ）
どんだげ（どれだけ）

【な】

ながなが（なかなか）
ながまる（のびのびする）
ながめれ（(足を) 伸ばせ）
なぎべっちょ（泣きべそ）
投げる（捨てる）
なした（どうした）
なして（どうして）
何したど？（どうしたの？）
なんた（どんな）
何とだ（どうだ）
何でやー（何で）
～なんだや（～なのだ）
なんぼ（いくら・どれだけ）
なんもだ（何でもないよ）

【ぬ】

ぬぎい（暑い）
ぬぎー（暑い）
ぬぐい（暑い）
ぬぐだまる（温たまる）

【ね】

ね（無い）
～ねがった（～しなければならない）
ねねね(眠らなければならない)
ねぷかぎ（居眠り）
ねまれ（座って）

【の】

のぎーぃっ（暑い）
のへる（乗せる）

【は】

はがいぐ（すすむ・はかどる）
ばがけ（馬鹿）
ばがしゃべ(馬鹿なことを言う)
はかめぐ（ハラハラする）
ばしこぐ（ウソをつく）
はじめで（初めて）
ハダハダ（ハタハタ）
はばげる（喉につかえる）
はらつぇー(おなかがいっぱい)
腹わりい（腹が立つ）
はらわりぃー（腹立たしい）
はんかくせ(馬鹿みたいなこと)

【ひ】

ひでー（ひどい）
ひゃっけ（冷たい）
ひやみこぎ（怠け者）

【ふ】

ブリコ（ハタハタの卵）

【へ】

へば（それでは・では・じゃ）
へる（(お茶を）いれる）

【ほ】

ほが（〜の方が）
ほじなし（非常識）
ぼだっこ（塩鮭）

【ま】

まがす（こぼす･ひっくり返す）
まがへる（まかせる）
まさが（まさか）
まなぐ（目）
まめでらが？(元気でしたか？)
まめでだが？(元気でしたか？)
まんず（まず）
まんつ（まず）

【み】

みぃだが（見たか）

【む】

むつける（すねる）

【め】

めんけー（かわいい）
めんけがる（かわいがる）

【や】

やがまし（やかましい）
やってけ（やってこい）
やってらった（やっていた）
やめなる（病になる）

【よ】

よいでね（容易でない・たいへんだ）
よごせ（よこせ）

【ら】

〜らいる（〜られる）

【わ】

わがた（わかった）
わがんね（わからない）
わっぱが（やっつけ）

【ん】

んた（イヤだ）
んだ（そうだ）
んだがらなー（そうだよねー）
んだたて・んだったて（そんなこと言ったって）
んだども（だけれど）
んだはで（だから）
んめなが？（おいしいの？）
んだやな（そうだよね）

著者略歴

こばやし　たけし

秋田市生まれ。血液型　O型
高校卒業後秋田を離れるが、水と米と空気が恋しくなり、わずか三年で戻る。
暗いニュースが多い秋田県をなんとか明るくしたい、と2007年にネット上で秋田を題材にした４コママンガブログ、「あきた４コマち」の連載を開始する。
「あきた４コマち」
http://akitayonkomachi.blog38.fc2.com/
パソコンは15年来のMacユーザー。4コママンガの作業はすべてMacで制作している。趣味はプロ野球中継観戦とギター。

はじめての秋田弁
定価一〇五〇円［本体一〇〇〇円＋税］
二〇一〇年五月十日　初版発行
二〇一〇年九月十日　二刷
著　者　こばやしたけし
発行者　安倍　甲
発行所　㈲無明舎出版
秋田市広面字川崎一一二―一
振　替／〇二五七〇―五―四四八七
電　話／（〇一八）八三二―五六八〇
ＦＡＸ／（〇一八）八三二―五一三七
印　刷　㈲ぷりんてぃあ第二
製　本　有限会社ライズ

ISBN978-4-89544-522-1